원서발췌
메타 역사 : 19세기 유럽의 역사적 상상력

Metahistory: The Historical Imagination in Nineteenth-Century Europe

고전 명작을 읽는 가장 쉬운 길,
'지식을만드는지식 원서발췌'

축약, 해설, 리라이팅이 아닙니다. 원전의 핵심 내용을 문장 그대로 가져옵니다. 작품의 오리지낼리티를 가감 없이 느낄 수 있습니다.
두껍고 읽기 어려워 책장을 덮어 버리곤 했던 고전을 발췌합니다. 해당 작품을 연구한 전문가가 작품의 정수를 가려 뽑아냅니다. 핵심만 읽기 때문에 더 빠르게 더 많은 고전을 읽을 수 있습니다. 제외된 부분은 중간중간 친절하게 요약 설명합니다. 풍부한 해설과 주석으로 전체 내용을 파악하는 데 무리가 없습니다. 정확한 번역, 적절한 윤문으로 10대에서 80대까지 누구나 쉽게 읽을 수 있습니다. 콤팩트한 사이즈와 분량이므로 간편하게 휴대할 수 있습니다. 수천 쪽의 고전을 발췌된 내용으로 읽고도 전체 의미를 파악할 수 있는 것이 지식을만드는지식 원서발췌의 매직입니다. 발췌율은 표지에 표시하고 발췌 방법은 일러두기에 상세히 밝힙니다.
고전 독자를 발췌 읽기에서 완역 읽기로, 더 나아가 원전 읽기로 안내합니다. 바쁜 현대인들에게 새로운 고전읽기 방법을 제시합니다.

원서발췌
메타 역사 : 19세기 유럽의 역사적 상상력

Metahistory: The Historical Imagination in Nineteenth-Century Europe

헤이든 화이트(Hayden White) 지음

천형균 옮김

대한민국, 서울, 지식을만드는지식, 2025

편집자 일러두기

- 이 책은 헤이든 화이트(Hayden White)의 《메타 역사 : 19세기 유럽의 역사적 상상력(Metahistory: The Historical Imagination in Nineteenth-Century Europe)》(The Johns Hopkins University Press, Baltimore, 1979)에서 제2부의 주요한 부분을 우리말로 옮긴 것입니다.
- 발췌 분량은 전체의 약 25%입니다.
- 원문에서 이탤릭체로 표시한 부분은 굵은 글씨체로 바꾸어 표시했습니다.
- 각주는 모두 옮긴이가 작성한 것입니다.
- 외래어 표기는 현행 한글어문규정의 외래어표기법을 따랐습니다.
- 이 작품은 지식을만드는지식을 통해 원전을 모두 번역한 책도 출간되었습니다.
- 이 책은 2010년 1월 10일 한정판 '고전천줄' 시리즈로 처음 출간했습니다. 2013년 8월 30일 표지를 바꿔 '천줄읽기' 시리즈로 다시 출간했다가 이번에 '원서발췌' 시리즈로 옮겨 출간합니다.

차례

메타 역사 : 19세기 유럽의 역사적 상상력

제1장 미슐레 : 로맨스로서의 역사적 사실주의

미슐레 : 은유로 설명한 역사와 로맨스로 구성한 역사

분명히 콩스탕(B. Constant)과 노발리스(F. von Novalis)와 칼라일(T. Carlyle)은 모두 '낭만주의' 사상가들이었으며, 역사에 대한 그들의 성찰도 '존재의 혼돈'으로 역사의 장을 이해한 것이었으나, 그들은 각기 역사의 장을 단순한 혼돈, 창조력으로 충만한 공간, 영웅과 역사가 대립하는 투쟁의 장으로 파악했다. 그러나 이 상이한 주장자들이 시적 감각에 대한 신념 위에서 받아들인 이러한 이해는, 진리로서 받아들인 것이라기보다는 다만 진리라고 주장한 데 지나지 않은 것이었다. 프랑스의 역사가이자 역사철학자이기도 한 쥘 미슐레는 역사 과정에 대한 개념에 관한 한, 낭만주의 운동의 **범주 내에서**도 특이한 위치에 있는 인물이었다. 처음에 미슐레는 세계에 대한 낭만주의적 이해를 과학적인 통찰의 위치까지 끌어올리기 위한 수단을 자신이 발견했다고 주장했다. 그에게 시적 감각과 비판적 자의식은 특히 세계에 대한 '사실주의적' 이해로 접근하는 수단을 제시하는 것이었다.

특히 미슐레는 자신이 낭만주의자라는 사실을 부정했

다. 그가 서한집에서 말한 바와 같이, '낭만주의 운동'은 그에게는 이미 스쳐 가 버린 것이었다. 낭만주의 운동이 전성기에 달했을 때 그는 문서 보관소를 출입하기에 바빴으며, 그의 지식과 사상을 새로운 역사적 방법, 비코의 《신과학》이 하나의 전형이 될 수도 있는 역사적 방법과 융합하려 하고 있었다. 그는 이 새로운 방법을 '집중과 반사'의 방법이라고 규정했다. 그의 견해에 따르면, 이 새로운 방법이 그에게 "명백한 모든 다양성을 용해하고, 역사를 통해서 이 다양성을 삶 속에 내포된 통일성으로 복구하려는 강렬한 불꽃"을 제공해 주었다. 그러나 앞으로 고찰하게 되겠지만, 이 새로운 방법은 실제로 역사가로 하여금 과거의 삶을 **과거의 전체성 속에서** 통합하고 부활하고 소생시키는 방법으로 생각되는, 은유 형식의 의미를 파악한 것에 지나지 않았다.

미슐레는 환유와 제유의 전략을 버리고, 역사의 장과 역사 과정에는 은유적 설명이 적합하다는 신념의 근거를 직접 마련함으로써 아이러니로부터 벗어나려고 시도했다. 미슐레는 역사의 장에 대한 기계론적(인과적) 환원과 형식주의적(유형론적) 확대에 내포된 모든 가치를 부정했다. 사물의 본질적인 **동일성**에 대한 이 은유적 이해가 역사 서술상의 다른 모든 면을 압도하고, 그를 칼라일이나 그 밖의 다른 낭만적 개인주의의 신봉자들과 완전히 구분되도록 만들었다. 비코가 본질적으로 '시적'인 역사 개념에 대해서 과학적인 지위를 요구한 것과 같이, 미슐레로 하여금 열정적으로 역사에 과학적 진리의 지위를 요구하도록 한 것은 바로 이러한 동일성에 대한 이해였다. 미슐레는 역사의 장을 형성하는 여러 실체들을 개별적인 상징으로 설명하기 위한 수단이라기보다는 오히려 하나의 **상징적**인 **융합**으로 추구했다. 미슐레에게는 역사의 어떤 특성도 전체를 구성하는 부분의 특성이 아니라 전체의 특성으로 인식되었다. 부분의 특성은 피상적인 것에 지나지 않는다. 부분의 의미는—자연에서나 역사에서나—모든 것이 **생성을 지향하는 통합**의 표상이라는 사실에서 발생한다.

그러나 세계에 노력의 대상이 존재한다는 사실은, 설명의 조건이 아니라 도달해야 할 목표가 있다는 것을 시사해 준다. 이것은 미슐레에게는 두 가지 의미가 있다. 하나는, 모든 것이 지향하는 통합의 실현을 촉진하는 방법을 통해서 역사가가 역사를 서술해야 한다는 것이다. 다른 하나는, 역사에 나타나는 모든 사건이 목표를 실현하는 데 궁극적으로 기여하고 있는가, 또는 얼마나 장애가 되고 있는가 하는 관점에서 평가되어야 한다는 것이다. 그리하여 미슐레는 이야기 형식으로서의 로맨스라는 구성 형식에 의존하게 되었는데, 그 형식은 치명적이기는 하지만 종국에는 일시적인 시련에 불과한 악과의 투쟁으로 역사 과정을 이해하도록 만들었다.

이야기꾼으로서의 미슐레는 이원론적 전략을 구사했다. 실제로 그에게는 역사의 장에 존재하는 개별적 실체들을 구분하는 두 개의 근본 개념만이 있었다. 모든 이원론의 사상 체계처럼 그의 역사 이론에도 역사 과정을 변증법적이거나 심지어는 목적을 지향하는 발전 과정으로 인식할 어떤 방법도 없었다. 인간과 인간, 인간과 자연, 인간과 신과의 통합이 가능하다는 그의 신념을 뒷받침한 것이지만, 거기에는 선악의 요소들—프랑스 혁명의 첫해에서처럼 결합의 일시적 계시인 압제와 정의, 증오와 사랑 따위—의 교차만이 있었다. 미슐레는 은유 중의 은유인 궁극적 상징의 발견을 인간이 추구할 수 있는 한계에 이르기까지 열망하고 있었으며, 그것은 대체로 **자연 · 신 · 역사 · 개인** 및 **인류**와 같은 개념처럼 선험적으로 이해될 수 있는 것이었다.

미슐레의 역사 서술에 나타난 은유 형식과 로맨스의 기능을 하는 신화는 그의 《프랑스 혁명사》에서 찾을 수 있다. 혁명의 첫해에 나타난 프랑스 정신에 대해 그는, 암흑으로부터 광명이 나타나서, 동포애를 지향하는 '자연적' 충동이 오랫동안 프랑스 정신과 대립 관계에 있었던 '인위적' 세력을 누르고 승리한 데서 마지막에는 프랑스 혁명의 의도를 순수한 상징화의 표상으로 보는 방향으로 옮겨 갔다고 설명한다. 프랑스는 "과감하게 암흑의 겨울(1789~1790)을 뚫고, 세계에 새로운 광명을 약속하는 기다리던 봄을 향해 전진하고 있다"고 그는 말했다. 그러나 미슐레는 이 "광명"은 무엇인가를 묻고, 그것은 결코 '자유에 대한 막연한 애착'이 아니라, '조국의 통일'에 대한 빛이라고 대답했다. 민중은 "길을 잃고 방황하는 어린애들처럼 (…) 마침내 모국을 찾았다". 1789년 11월 지방 신분제의 붕괴와 더불어 인간과 인간, 남자와 여자, 부모와 자식, 가진 자와 못 가진 자, 귀족과 평민 간의 모든 구분은 사라져 버렸다고 그는 단언했다. 그렇다면 남은 것은 무엇인가? "동포애가 모든 장애물을 제거해 버렸으며, 모든 동맹체는 결속되고, 노동조합은 하나로 뭉치게 될 것이다. 더 이상의 동맹체는 필요치 않다! 이제 필요한 것은 하나의 동맹체뿐이다. 그것이 바로 프랑스다. 프랑스는 7월의 영광 속에 나타나서 그 모습을 바꾸어 가고 있다."

그런 다음 미슐레는 다음과 같이 물었다. "이 모든 것은 기적인가?" 물론 그의 대답은 "그렇다"였다. 그것은 "가장 위대하고도 순수한 기적이며, (인간의) 자연에의 귀의"였다. 왜냐하면 "인간성의 근본적인 기초는 사회성"에 있으며, 사회성은 "공동체의 삶을 저해하는 성향에 대항할 방안을 전 세계에 요구했기" 때문이다. 모든 **구체제**는 인간을 **결합**시키려는 **자연의 충동**에 대한 **인위적인 장애물**로 보였다. 관습 · 의무 · 납세 · 법률 · 법규 · 도량형 · 화폐 따위의 모든 압제의 구조, 그리고 "도시와 농촌과 그 밖의 여러 자치단체와의 대립을 교묘하게 촉진하고 지속시킨 모든 부패한 제도, 이 모든 장애물과 낡은 성벽들은 어느 날 갑자기 무너져 버렸다". 그리고 그것들이 무너졌을 때, "인간은 서로 바라보며, 그들이 동류임을 발견하고, 오랫동안 서로 모른 채 지내 온 사실에 놀라고, 그들을 수 세기 동안이나 분열시킨 어리석은 증오심을 후회하고, 상호부조의 감정으로 서로를 포용함으로써 속죄하게 되었다". 거기에는 다음과 같은 사실 외에 아무것도 없다고 미슐레는 말했다.

> 통합에의 순수한 사랑의 숨결만이 있으며 (…) **지형**조차 말소되어 버렸다. 거기에는 어떠한 산맥도, 어떠한 강도, 인간을 갈라놓은 어떠한 장벽도 없다. (…) 그렇게 만든 것은 사랑의 힘이며 (…) 삶을 지

배한 물질적 조건인 **시간**과 **공간**조차 이제는 존재하지 않는다. 명백히 정신적이며, 모든 **혁명**을 일종의 환상으로 만들고 때로는 기쁨에 젖게 하고 때로는 공포에 떨게 하는 이 낯선 **새로운 삶**(vita nuova)이 지금 프랑스를 위해 시작되고 있다. **그 삶은 시간과 공간조차 초월했다.** (…) 모든 낡은 문장(紋章)은 퇴색해 버렸지만, 새로운 문장들은 아직 거의 의미를 갖지 못하고 있다. 민중은 아직도 성찬대 앞의 낡은 제단에 맹세하거나, 어느 곳에나 존재하는 진정한 상징물인 추상적 자유의 차디찬 이미지를 경배하고 있다.

아름다움과 장려함, 그리고 이런 것들의 향연이 지니고 있는 영원한 매력은 그러한 상징이 바로 살아있는 상징이라는 사실에 있다.

인간에게 이 상징은 바로 인간 자신이다.

[《프랑스 혁명사》, p.444~445]

이렇게 말하고 나서 미슐레는 자신의 논조를, 그날의 혁명을 믿는 민중의 목소리로 바꾸어 다음과 같이 말했다.

우리는 미래의 숭배자들이며, 희망을 믿는 사람들이며, 동방을 향해 축배를 들고 있는 사람들이다. 날이 갈수록 더욱 어려워지고 있지만, 과거를 평가절하하고 곡해한 우리는 모든 가람[1]으로부터 추방되었다. 독단 때문에 가람과 제단을 빼앗기고, 때로는 사상의 교류가 단절된 상태에서 비애를 느끼기도 하는 우리는 그날에 하나의 가람, 일찍이 존재한 적이 없었던 가람을 갖게 되었다. 그것은 인위적인 교회가 아니라, 바로 보편 교회였다. 보편 교회는 보주(Vosges)에서 세벤(Cévennes)까지, 그리고 알프스에서 피레네까지를 포괄한다.

거기에는 어떤 인습적인 상징도 없다! 존재하는 것은 오직 모든 자연, 모든 정신, 모든 진리뿐이다!

[《프랑스 혁명사》, p.450~451]

"가장 완전한 통합 속의 (…) 가장 풍부한 다양성", 그것이 전부였다고 그는 말했다.

미슐레는 그가 쓴 역사를 고발, 자유, 그리고 암흑의 세

---

1) 절을 가리키는 가람(伽藍)이라는 말이 여기서는 자유를 신봉하는 신전의 이미지로 쓰이고 있다.

력권으로부터 벗어나려고 투쟁하는 정신력, 즉 구제의 드라마로 **구성했다**. 그러므로 역사가로서의 임무에 대한 그의 개념도 구제의 기록자로서의 역할을 담당하는 데 있었다. 1846년에 쓴 《민족사(Le Peuple)》라는 책에서 그는 역사적 설명의 개념을 다음과 같이 표현했다. "아직까지 어느 누구도 명명한 바 없는 역사의 목적을, 달성된 것이 아니라 제시된 미래에 투영하는 것이 나의 임무다. 티에리(J. N. A. Thierry)는 그것을 '이야기(narration)'라고 불렀으며, 기조(F. P. G. Guizot)는 '분석(analysis)'이라고 불렀고, 나는 그것을 '부활(resurrection)'이라고 불렀는데, 이 명칭은 아마도 영구히 남을 것이다." '부활'로서의 이 역사 개념이 미슐레가 서술한 여러 저작들이 묘사하고자 하는 플롯 구성과 이용하고자 하는 설명 전략에 적용된다. 이것이 바로 미슐레의 역사와 형식을 결정한다. 그것이 설명과 표현으로서의 '의미'다. 그러나 미슐레는 거시적인 역사적 관점의 해결책을 '민중'이 완전한 자유와 동질성을 달성한 바로 그 시기에서 찾았기 때문에, 그의 역사적 저작의 **논조**는 근본적으로 사회계층과 정치적 엘리트를 형성시킨 배경으로 후퇴해 버리고, 영웅적인 국면에 나타난 혁명의 이상에 비해서 훨씬 더 우울하고 애처로운 색채를 띠게 되었다.

미슐레는 7월 왕정 기간에 프랑스의 사학계를 지배했다. 그의 《근대사 개요(Précis d'histoire moderne)》(1827)는, 반동의 새로운 물결이 자유주의를 보수주의의 국면으로 몰아넣고 대학에서의 미슐레의 업적마저 완전히 파괴해 버린 시기인 1850년까지, 프랑스학파에게 유럽사의 탁월한 개설서가 되었다. 그의 《프랑스 혁명사》(1847~1853년에 이르는 기간에, 모든 정당에 소속된 프랑스인들 사이에 퍼져 있던 격정의 열기 속에서 전 7권으로 출간)는 서문에 해당하는 한 논고로 시작되고 있는바, 그 논고의 애수 띤 논조는 부친의 죽음에 대한 미슐레의 추억과도 연관되고 있다. 그의 부친은 혁명의 이상이 조금씩 쇠퇴해 가고 있음을 고통스럽게 목격하고 사망했다. '가장 무서운 환경', 인간의 삶을 죽음과 무덤 속에 묻어 버린 환경에서, 자신조차 이미 부분적으로는 죽은 것이나 마찬가지이며 생존자가 삶과 죽음이라는 두 세계 사이에서 심판을 받고 있을 때, 그의 역사적 성찰이 이루어졌다고 그는 말했다. 이같이 혁명 때까지의 프랑스 역사에 대한 미슐레의 낭만주의적 플롯 구성은, 혁명의 점진적인 소멸에 대한 비극적 각성 위에서 이루어졌다. 당대의 비극적 성격에 대한 이 같은 이해가 미슐레에게 사실주의자라는 칭호를 부여할 만한 또 다른 이유를 제공해 주었다. 그는 당시 상황을 1780년대 프랑스에서 일어난 상황과 동일하게 인식했다.

《근대사 개요》는 그때까지 프랑스 전체 사회가 빠져 있던 좌절된 상황, 혁명 전야의 상황을 설명한 데서 끝나고 있다. 미슐레는 그 상황을 다음과 같이 설명했다.

> 전 세계는 민중에게 관심을 갖고, 민중을 사랑하고, 민중에 대해서 기술했다.
>
> [《근대사 개요》, p.395]

그러나 '상류사회'가 노골적으로 '애정극(comédie sentimentale)'을 연출하고 있었을 때, '세계의 위대한 운동'은 짧은 기간에 모든 것을 바꿔 버릴 방향으로 나아가고 있었다.

> 민중의 진정한 벗인 '보마르셰의 피가로(Figaro of Beaumarchais)'[2]는 매일 심한 괴로움을 당했다. 그것은 희극에서 풍자로, 그리고 풍자에서 비극적인 드

2) 피가로는 보마르셰의 희극 〈피가로의 결혼〉에 등장하는 주인공 이발사다. 〈피가로의 결혼〉은 귀족들의 부패상을 폭로하고 구체제의 몰락을 암시하는 내용으로 민중의 사랑을 받았다.

라마로 바뀌었다. 충성 · 의리 · 고결함과 같은 것은 쇠퇴해 버렸다. 세계는 술 취한 상태에 빠져들었다.

[《근대사 개요》, p.395～396]

철학조차 루소와 질베르(N. J. L. Gilbert)[3]의 '가시'에 찔려 병들어 버렸다. "종교든 비종교든 어느 누구도 믿지 않았다. 그런데도 사람들은 믿기를 좋아했다. 무지한 사람들은 은밀하게 칼리오스트로(A. di Cagliostro)[4]의 환상과 메스머(F. A. Mesmer)[5]의 욕조를 믿으려고 했다." 그러나 유럽의 다른 나라와 마찬가지로 프랑스도 합리적 회의론의 지루한 논쟁 속으로 빠져들었다. 흄(D. Hume)의 허무주의에 항거해 칸트 특유의 독단론이 형성되었으며, 사람들은 어디서나 비도덕적이며 냉철한 괴테의 조화롭고 위대한 시적 음성을 들었다. 혼란과 불안에 빠진 프랑스는 이것을 전혀 이해하지 못했다. 독일은 과학적 서사시를 연출하고, 프랑스는 사회적 드라마를 구성하고 있었다. 구사회의 말기에 나타난 희극적 비애는 당시의 사

3) 계몽주의 시대의 프랑스 낭만파 시인.

4) 이탈리아의 사기꾼.

5) 독일의 의사. 자력을 이용한 치료법을 개발했다고 선전해 사기꾼이라는 비난을 받았다.

회를 구성하고 있던 사람들의 위대한 약속과 철저한 무기력의 대조가 낳은 결과였다.

이 단절된 상황을 계승한 희극적 해결이 바로 혁명이었다. 혁명을 촉진한 투쟁은 "두 가지 원리와 두 개의 정신, 낡은 것과 새로운 것"의 갈등으로 나타났다. 그리고 이 새로운 정신인 정의의 정신은 "폐기되지 않고 실현될 것이었다". 낡은 정신인 불의의 정신은 새로운 정신의 실현을 저지하기 위해 존재한 데 지나지 않았다. 이 근본적 대립의 원리가 미슐레에게 다음과 같은 독특한 혁명에 대한 규정, 즉 "혁명은 자비로운 정부와 은총의 종교에 항거한 정의의 필연적 반작용에 지나지 않는다"라는 규정의 근거를 제공해 주었다. 혁명은 일종의 반전이며, 절대군주제를 완전한 정의로 바꾼 것이었다. 그러나 이 반전은 그렇게 단순하게 규정되는 것이 아니었다. 미슐레가 처음부터 민중을 대신해 관여한 것은 민중의 역사에 나타난 민중의 '구제'였다.

혁명을 규정하기 위해서 미슐레가 이용한 또 다른 이미지는 생성의 이미지였다. 그러나 그가 마음속에 그리고 있던 생성은 자연적인 것이라기보다는 카이사르주의적[6]인

---

6) 민중을 이용하는 선동 정치에 능한 카이사르의 군국주의적 전략가

것이었다. 미슐레는 여행 중에도 집필과 등산을 계속했다. '땅속 깊숙한 곳으로부터' 솟아오른 산정에 올라 과거를 성찰하면서 그는 다음과 같은 명상에 잠겼다고 말했다.

> 그렇다면 땅속에 감추어져 있는 순환 운동(revolutions)은 무엇이며, 민중을 위해 산을 허물고, 바위를 뚫고, 대리석 무덤을 파헤치고, 표면으로 분출하려고 땅속에서 싸우고 있는 수많은 요소들은 무엇인가? 어떤 몸부림과 어떤 고통이 땅의 내장으로부터 그토록 심한 신음 소리를 내게 하는가!
>
> [《프랑스 혁명사》, p.28]

"다만 자연이 나로 하여금 역사를 잘 회고하도록 했기" 때문에, 이와 같은 명상이 그의 정신에 심한 고통을 안겨주었다고 그는 말했다. 그리고 역사가 그로 하여금 정의와, 다년간 암흑 속에 가둔 정의의 매장을 회상하도록 만들었다는 것이다.

로서의 이미지를 강조한 용어로, 슈펭글러가 즐겨 사용했다. 여기서는 구체제를 무너뜨리고 폭력적이 되어 가는 민중의 힘을 은유적으로 표현하고 있다.

(그리스도교적) 도그마에 짓눌린 정의가 천 년 동안이나 존속했다는 사실과 잃어버린 수많은 시간과 날들과 해들을 상기한다는 사실이, 그것을 알고 있는 그에게는 영원한 비애의 근원이었다. 역사라는 매체를 통해서 오랫동안 고통을 겪은 그는 그 고통으로부터 완전히 벗어나지는 못할 것이다. 어떤 상황 속에서도 그는 비애를 느낄 것이다. 세계의 기쁨인 태양조차 그에게는 조금도 위안이 되지 못할 것이다. 그는 너무나 오랫동안 슬픔과 암흑 속에서 살아왔다. 오랫동안 체념과 굴종과 고통, 그리고 정신을 파괴한 증오와 저주의 세계를 사랑하려는 인간의 노력을 생각할 때 나의 마음은 비통했다.

[《프랑스 혁명사》, p.28]

여기에서 주목할 것은 역사에 대한 헤르더(J. G. Herder)와 미슐레의 접근 방법에 나타난 근본적인 차이다. 미슐레는 분명히 역사적 조망을 통해서 인식한 여러 모습들을 심판하는 것을 부정하지 않았다. 더구나 그는 역사 과정을, 역사의 모든 작용을 통해서 인류에게 선과 은총으로 나타나는 조화의 과정으로 인식하지 않았다. 랑케처럼 미슐레도 분명히 투쟁과 갈등을 역사적 존재의 불가피한 양상으로 파악했다. 이것이 그의 '사실주의'가 지니고 있는 또 다른 진실한 면모다. 그러나 그는 그 드라마의 해결책을 인간 사회의 이상적 실현의 조건이 점차 상실되어 가는 시대나 일련의 사건들—즉 민중(그에게는 무정부주의자로 보였겠지만)의 시대에 놓여 있는 혁명—속에서 찾았으므로, 본질적으로 역사 과정에 대한 미슐레의 낭만주의적 이해는, 차츰 역사 일반을 구성하는 원리란 무의미하다는 음울한 색채를 띠게 되었다. 그는 혁명의 이상, 그리고 신앙이나 이상을 다 같이 정당화한 사회적 시각에 대한 신념을 끊임없이 강조했으나, 그의 논조는 1789년의 사건들을 때맞추어 기록할 무렵에는 더욱 절망적인 색채를 띠게 되었다.

그가 혁명의 시대를 회고한 역사적 상황과 전제 권력이 국내외의 생활을 통제한 상황이, 그로 하여금 역사 과정에 대한 아이러니한 이해, 다시 말하면 인간의 삶 속에 내재한 악과 갈등의 영원한 회귀를 깊이 의식하도록 만들었다. 그러나 궁극적으로 그는 악과 갈등의 이 영원한 회귀를 인간의 일시적인 상태로 해석했다. 자신이 처한 상황에 대한 인식이 가져다준 회의는 희망을 전제로 한 의도적인 결단—사실은 **희망과 동일시된 것**—에 의해서 바뀌었다. 삶이 민중에게 가장 암울하게 보였던 혁명 전야에,

그가 민중에 대해서 다음과 같이 말한 것은 바로 미슐레 자신에게도 적용되는 것이었다.

> 그대의 회의 때문에 놀라지 마라. 회의는 이미 신앙이 되고 있다. 믿고 희망을 가져라! 늦게나마 정의는 반드시 오게 마련이다. 정의는 도그마와 세계를 심판할 것이다. 심판의 **그날**은 **혁명**으로 불리게 될 것이다.
>
> [《프랑스 혁명사》, p.30]

이와 같이 전 역사 과정의 낭만주의적 플롯 구성은 변하지 않은 채 그대로 남아 있었다. 비극과 아이러니의 조건은 그러한 구성 속에서는 자신의 역사에 생동감을 부여한 혁명의 불꽃을 통해서만 소멸되는, 전 과정의 국면으로 나타날 수 있다.

역사를 특정한 단계에서 다른 특정한 일련의 단계로 넘어가는 인류의 **점진적** 변화로 인식한 헤르더와는 달리, 미슐레는 인류를 **대립적인** 진영으로 갈라놓은, 장기간에 걸쳐 전개된 긴장이 낳은 일련의 격변하는 반전으로 역사를 인식했다. 이러한 반전을 통해서 위장된 정의가 진정한 정의로, 변덕스런 사랑이 진정한 사랑으로, 그리고 '세계를 피바다로 뒤덮어 버린' 폭군이며 위장된 사랑의 종교인 그리스도교가 진정한 안티테제로서의 혁명 정신으로 대체되었다. 미슐레는 그의 목적이 "허위의 역사와 살인자가 고용한 아첨꾼들을 제거하고, 거짓말 잘하는 그들의 입을 틀어막기 위해서 왕이나 성직자들을 찬양하는 아첨꾼들에게 항거하는 진정한 증인을 배출하는 데 있다"고 말했다.

미슐레의 설명에 따르면, 지난 왕조의 상징은 바스티유 감옥이었다. 바스티유야말로 아이러니한 조건의 상징이었으며, 그 상징을 통해서 '자비로운 정부'는 일시적 기분으로, 총신이나 정의의 적들에게 돈을 바라고 봉인장(lettres de cachet)을 발행함으로써 그 '선의'를 표현했다.[7] 구체제의 가장 무서운 범죄는, 인간을 삶도 아니고 죽음도 아닌 '삶과 죽음의 중간 단계에 있는 존재'로 선고하는 것이었다. '생명 없는 매장된 삶', '특수한 망각'을 위해서 조직된 세계가 다름 아닌 바스티유였다. 혁명이 발전해 심판하기를 요구한 것은 이 '매장된' 삶이었다. 혁명은 구체제가 '매장한' 선하고 인간적인 모든 것에 대한 정

---

7) 프랑스 혁명 전에 군주가 총애하는 신하들에게 부여한 특권으로, 영장 없이 사람을 구속할 수 있는 권한이 적힌 증서다. '자비로운 정부'나 '선의'라는 말은 풍자적 표현이다.

치적 · 도덕적 **부활**을 의미하는 것이었다.

이와 같은 관점에서 보면, 혁명은 기억—즉 '역사'—이 살아 있는 인간에게 내린 선별적 희생과 죽을 권리를 박탈한 데 대해서 내린 응징이었다. 바스티유에서 인간은 단순히 죽은 것이 아니라 망각—그것이 미슐레에게는 더욱 무서운 것이었지만—되었다고 미슐레는 말했다.

> 망각! 오오, 얼마나 무서운 말인가! 망각은 영혼을 통해서 영혼을 말살한다! 삶을 영위해 가도록 신이 창조한 인간에게는 정신적인 삶을 영위하기 위한 최소한의 권리마저 없단 말인가! 극악한 범죄를 저지른 자까지도 포함해 필멸의 존재인 인간에게, 가장 무거운 이 죽음의 형벌, 영원히 망각되게 하는 형벌을 누가 감히 내릴 수 있단 말인가?
>
> [《프랑스 혁명사》, p.73]

그러나 미슐레는 역사가의 신성한 임무에 대한 자신의 개념을 밝힌 글 속에서 다음과 같이 주장했다.

> 결코 망각을 믿지 마라. 인간이든 사물이든, 망각되는 것은 아무것도 없다. 일찍이 존재했던 것이 이렇

> 게 말살될 수는 없다. 그 성벽은 망각되지 않으며, 포장도로조차 공범자가 되어 흔적과 풍문을 남겨 놓는다. 공기조차도 망각되지 않을 것이다.
>
> [《프랑스 혁명사》, p.73]

그러나 미슐레는 삶 그 자체를 감옥으로 이해한 아이러니한 성찰에 빠지지 않고, 살아 있는 사자(死者)와 혁명의 이상을 '회고'했는데, 그 이상은 살아 있는 사자를 살아 있는 자 속으로 되돌려 놓는 데 목적을 두고 있었다.

미슐레가 나폴레옹 3세에 의해서 혁명적인 이상이 다시 말살된 후에도 어쩔 수 없이 삶을 이어 가야 했던 세계에서도 마찬가지였지만, 혁명의 전야에는 스필베르크로부터 시베리아에 이르기까지, 슈판다우로부터 몽생미셸에 이르기까지 "세계는 온통 감옥으로 뒤덮여 있었다. 세계는 하나의 감옥이었다". 혁명이 발발한 과정의 역사를 쓰면서 미슐레는, 회상과 삶에 가해진 공격에 항거해, 곧 격렬하게 폭발할 민중운동에 조직적으로 참여해 민중을 구원하려 했다.

> 성직자에서 왕에 이르기까지, 종교재판에서 바스티유 감옥에 이르기까지의 길은 곧바르기는 하지만 길

다. 성스럽고도 성스러운 혁명이 그대에게는 얼마나 더디게 도래한 것인가! 나는 중세의 고랑을 따라 천 년 동안이나 그대를 기다리고 있었다. 더 이상 내가 무엇을 기다려야 한단 말인가? 아아, 시간은 얼마나 더디게 지나가는가! 아아, 나는 얼마나 많은 시간을 헤아렸던가! 그래도 아직 그대는 오지 않는가?

[《프랑스 혁명사》, p.79]

수감된 남편과 아들과 연인과 형제들을 구출하기 위해서 부인네들과 어린애들이 바스티유 감옥으로 갔을 때, 미슐레는 "아아, 프랑스여 그대는 구제되었다! 아아, 세계여 그대도 구제되었다!"라고 환호했다.

이 구제는 인간과 인간, 남자와 여자, 젊은이와 노인, 가진 자와 못 가진 자 사이의 모든 차별을 철폐하는 결과를 가져왔으며, 마침내 국민을 하나의 민중으로 바꾸어 놓았다. 그 완전한 상황은 "그렇게도 오랫동안 나의 희망이 되어 온 젊은 별, 잔 다르크를 나는 하늘에서 몇 번이고 다시 보곤 한다"라는 잔 다르크에 대한 이미지가 형성한 것이었다. 그러나 은유가 아니라 이성과 과학에 대해서 공격한 것이지만, 그때 미슐레는 서정적인 말로 다음과 같이 논평했다. "중요한 것은, 만약 성(性)을 바꾼다면 처녀가

오슈, 마르소, 주베르, 클레베르와 같은 청년이 된다는 사실이다."[8]

서술하고자 한 사건들 속에 파묻혀 버린 까닭에, 미슐레는 인간 · 제도 · 가치의 특성에 대한 모든 의식이 흐려지고 말았다. 상이한 **사물에 대한 그의 은유적 동일화**는 분명히 사물이 지니고 있는 특성에 대한 어떤 의식도 무시한 것으로, 사물의 특성은 다만 은유적 표현이 시작되는 경우에만 나타났다. 모든 특성은 전체와의 통합이라는 그의 이해 형식 속에서 용해되어 버렸다. 그리하여 미슐레는 다음과 같이 썼다. "인간의 가장 호전적인 성격도 평화의 징후에 불과하며, 폭군이 우리를 억압할 때 이용하는 자비조차 정의와 일치하는 것처럼 보인다." 하나의 과정으로 인식되는 혁명은 "형평에의 반응이며, 영원한 정의의 때늦은 출현"에 지나지 않으며, 본질상 혁명은 "진정한 사랑으로서 자비와 동일한 것이다".

하나의 추상개념이 다른 추상개념으로 이어지는 이러한 융합은, 변증법적으로 이루어진 것이 아니라 단순히 강조된 것에 지나지 않았다. 그러나 이 개념들은 미슐레에

8) 남녀노소, 빈부를 가릴 것 없이 국민이 하나가 된 상황을 비유적으로 표현한 것이다.

게는 추상적인 개념이나 융합이 아니라, 역사의 실체인 어떤 본질과 그를 역사가로 활동하도록 한 명분과의 **동일시**로 받아들여졌다. 그에게 '사랑'이나 '자비'는 그가 '어머니'라고 부른 '정의'와 '아버지'라고 부른 '권리'와 같은 것이었다. 그는 결국 이 두 가지를 모두 신('다만 신과 하나가 된 사람들'을 가리킴)과 동일시하고 말았다.

그리하여 마침내 신이 미슐레로 하여금 역사에 봉사하도록 했으며, '정의'와 '자비'의 다른 형태에 불과한 객관성을 보증해 주었다. 《프랑스 혁명사》 서론의 끝부분에서 미슐레는 일찍이 '혁명'에 대해서 말한 투로 직접 신에게 다음과 같이 말했다.

> 그대는 정의이기 때문에, 이 책, 다시 말하면 나의 노선이 개인의 이해나 속세의 사상에 의해서가 아니라 나의 영혼의 느낌에 의해서 결정되는 곳에서는, 그대가 나를 도울 것이다. 나에게는 그대가 옳으므로 나 또한 모든 것에 대해서 그렇게 하려고 한다. 그렇다면 **영원한 정의**인 그대를 제외하고 누구를 위해 내가 역사를 서술한다는 말인가?
>
> [《프랑스 혁명사》, p.80]

여기에서 미슐레의 저작에 나타난 논조와 관점이, 그보다는 훨씬 '사실주의적'인 인물, 예를 들면 사려 깊은 독일의 랑케와는 날카롭게 대조되는 면이 있음을 우리는 인정하지 않을 수 없는데, 랑케는 과거를 '심판'하거나 미래를 예견하는 것을 단호하게 거부했다. 그러나 '객관성'이라는 문제를 놓고 볼 때, 미슐레와 랑케의 근본적 차이는 실질적인 것이라기보다는 오히려 표면적인 것이다. 그것은 미슐레의 역사 연구 방법으로 알려져 있는 사랑 · 자비 · 정의의 원리가, 랑케에서처럼 묵시적으로나마 '국가, 교회, 기존의 사회'와 동일시되지 않고, 오히려 '국민 · 민중 · 혁명'의 원리에 의존해 구체화된 사실에 근거를 두고 있다. 미슐레는 랑케와 마찬가지로 과거에 대한 참다운 설명, 특수성, 통일성에 관심을 갖고 있었다. 그러나 그는 "개인의 이해나 속세의 사상"에 따라서가 아니라, 분명히 (그의) "영혼의 느낌에 의해서 결정되는" 노선에 따라서 역사를 서술할 수 있다고 믿었다. 랑케가 그러한 감정을 극복하려는 욕구에 지배되었다고 말한 것은, 그의 역사 서술이 미슐레에 못지않게 개인적인 선호와 당파적 성향에 지배되지 않았음을 시사해 주고 있다. 중요한 점은 이 두 역사가가 모든 형태의 압제에 항거한 인간을 회상하는 수호자로서 행동했다는 것인데, 압제는 진리를 조직적으로 억압함으로써 그러한 회상에 타격을 가했다.

미슐레는 역사가의 임무를, '망각된' 수감자의 권리를 회복하기 위해서 바스티유 감옥으로 돌진해 간 부인네들의 임무와 아주 유사하다고 생각했다. 미슐레가 가장 자기비판적인 요소를 통해서 서술했다고 생각한 역사가는 카이사르나 클라우디우스(T. Claudius) 같은 인물이 아니라, 자신들이 처해 있는 상황을 슬퍼하고 탄식하는 군중, 죽지 않고 살아 있으면서도 소생하려는 의지를 지닌 군중을 꿈속에서나마 보는 역사가다. 죽은 자들은 '무덤과 눈물'을 요구하지 않으며, '탄식'을 되풀이하지도 않는다. 그들이 원하고 있는 것은 미슐레가 말한 다음과 같은 사람이다.

> 그들에게는 전혀 이해되지 않는 수수께끼를 풀 수 있는 오이디푸스나, 그들이 이해하지 못한 말과 행동의 의미를 그들에게 설명해 줄 수 있는 사람이다.
> [바르트, 《미슐레(Michelet par lui-même)》, p.92]

이것은 역사가가 죽은 자의 편에 서서, 현재나 미래의 독자가 아니라 죽은 자를 **위해서** 역사를 서술해야 한다는 것을 시사한 것처럼 보인다.

그러나 그때 미슐레는 그 이미지를 한 번 더 변형해 오이디푸스의 모습을 프로메테우스의 모습으로 바꾸어 놓았다. 프로메테우스처럼, 역사가는 그들의 '음성'마저 얼어붙게 만든 얼음을 충분히 녹일 수 있는 뜨거운 불을 죽은 자들에게 갖다 주어 그들로 하여금 '한 번 더 말할' 수 있게 해야 한다.

그러나 이것으로 충분하지는 않다. 역사가는 "일찍이 한 적이 없는 말과 (죽은 자의) 영혼의 심연 속에 남아 있는 말"들을 듣고 이해할 수 있어야 한다. 결국 "역사가의 임무는 역사의 침묵으로 하여금 다시는 들을 수도 없고 역사의 가장 비극적인 가락이기도 한 이 무서운 육체의 흐느낌을 말할 수 있도록 하는 데"에 있다. 죽은 자의 음성과 그들의 침묵이 되살아나서 생기를 지닐 때에만 다음과 같은 일이 일어난다.

> 죽은 자는 편안하게 무덤에서 잠들 수 있다. (그때) 죽은 자들은 그들의 운명을 이해하고, 불협화음을 부드러운 화음으로 조절하고, "영원히 행복하라"는 오이디푸스의 마지막 말을 자신들에게 조용히 하기 시작한다. 망령들이 인사하고 모습을 드러내게 된다. 그들은 비로소 그들의 무덤이 봉해지는 것을 허락한다. (…) 마치 그들의 아버지나 아들의 유해를

운반할 때처럼 (…) 역사의 성직자들은 망각된 시간을 간직한 유해를 얼마나 경건하고 조심스럽게 운구해 전송하고 있는가! 그 유해는 그들의 아들의 것도, 그들 자신의 것도 아니지 않은가?

[《미슐레》, p.92]

말년에 이른 1872년에 미슐레는 《19세기사(Histoire du XIXe siècle)》의 머리말에서 다시, 본질적으로 역사가의 역할을 죽은 자에 대한 '기억'의 보존자로 규정했다.

그렇다. 죽은 자는 각기 얼마간의 선과 추억거리를 남기고 있으며, 어떤 사람들은 그것을 소중하게 다루어야 한다고 주장한다. 친구마저 없는 죽은 자를 위해서 심판관은 그것들을 소중하게 다루지 않으면 안 된다. 왜냐하면 법률이나 정의는 망각되기 쉬운 자비와 빨리도 말라 버리는 눈물 이상의 그 어떤 것이기 때문이다.

이 심판관이 바로 역사다. (…) 나는 전 생애를 통해서 역사가의 임무인 이러한 시각을 결코 벗어난 적이 없었다. 너무나 빨리 망각된 다수의 죽은 자들에게 나는 나 자신도 필요로 하는 도움을 주었다.

나는 제2의 삶을 위해서 그들을 발굴해 냈다.

[《미슐레》, p.91]

역사가의 임무에 관한 이 개념은, '정의와 진리에의 명백하고도 끈질긴 역사가의 편향성에 대한 욕구'라는 미슐레의 개념과도 결코 상충되지 않는다. 역사가가 기존의 권위를 두려워하거나 그것에 집착하면, 잘못된 편향성이 역사에 개입하게 된다. 1856년 미슐레는 《프랑스사》의 결론 부분에서, 가장 명예로운 역사가는 세계에 대한 심판관과 구원자로서 봉사하기 위해 특정한 사실과 특정한 인간에 대한 모든 '관심'을 버려야 한다고 주장했다. 그러나 이러한 관심의 배제는 역사가로 하여금 어느 정도까지는 "세기 전체로 보아, 그리고 인간다운 삶의 총체적 조화로 보아, **사실과 정의가 일치**되고 서로 모순되지 않아야 한다"는 사실을 인정하도록 만들 것이다. 그러나 그는 다음과 같이 경고했다.

이 숙명적인 역사철학의 아편과 거짓 평화에의 **관심**이라는 갈등 속에 깊이 빠져드는 것은, 삶에 죽음을 끼워 넣고, 역사와 도덕을 말살하고 나서, 냉혹하게도 "악이란 무엇이며, 선이란 무엇인가?"라고 묻는 것과도 같다.

[《미슐레》, p.90]

미슐레는 분명히 연구의 '도덕적' 성향을 인정했으나, 그의 연구가 그로 하여금 이제까지 그가 고찰한 바와 같이 수 세기 동안의 진정한 '인상학'을 볼 수 있도록 했으며, 적어도 그가 그러한 인상학에 대해서 '일관된 진정한 인상'을 심어 주었다고 주장했다.

미슐레는 비코를 의식과 사회의 상호작용에 관한 이론을 제시한 사상가로 지목했는데, 그 이론에 의해서 사회형태의 단순한 계승에 불과한 사실이 세속적인 성격을 띤 섭리의 과정으로 인식될 수 있게 되었다. 비코의 이론에 의해서 미슐레는 모든 명백한 형식적 집단을 특수성으로 해체하고, 그런 다음 순수한 은유적인 조건 속에서 각기 특수한 역할을 담당하고 있는 특수성, 그리고 보다 큰 과정의 본질적인 성격을 규명할 수가 있었다. 어떤 형태의 거시적인 이론에 대해서도 회의를 느낀 랑케의 태도가, 그로 하여금 당시에 형성된 사회와 문화에 대한 기존의 형식들을 이해하는 방식으로 역사의 의미와 체계를 고찰할 수 없도록 했으며, 대체 역사에는 어떤 의미가 있는가를 이해하는 기준으로 이 형식들을 이용하도록 했다.

전 과정의 결합에 대한 미슐레의 의식이 통합의 성격을 지닌 부분에 대한 신념에 의존하고 있었기 때문에, 그는 결국 은유 형식에 의존하게 되고 역사를 로맨스로 구성하고 말았다. 미슐레는 비코가 지닌 인간의 현실에 대한 독특한 역사 개념, 어떤 발전 과정에서도 사회나 의식에 선행하는 요인들이 새로운 사회와 의식을 형성하는 자료로서 기여한다는 역사 개념을 이해하고 있었다. 미슐레가 《신과학》의 서론에서 스스로 논평한 바와 같이, '역사철학의 원리', 다시 말하면 역사 과정의 섭리적 본질에 대한 신념은, 신념만이 아니라 사회 그 자체에 의해서도 결정된다는 것이다.

> 앞선 국가의 부패 속에서 그 국가를 전복할 수 있는 새로운 형식의 혁명적 요소들을 모든 혁명에서 발견한다는 것은 새로운 (사회) 구성의 단면이다. 이처럼 (…) 인간의 피안에(au-dessus de l'homme) 인간보다 더 위대한 지혜가 있다는 사실은 분명히 주목할 필요가 있다.
>
> [《신과학》, p. xiv]

그는 이어서 말하기를, '지혜'는 '실정법'이 지배하는 것이 아니라, '자유롭게 따르는 관습들'을 통제함으로써 우리에게 기여하는 것이라고 했다. 그리하여 미슐레는, 역사적 이해의 근본 원리는 비코가 《신과학》에서 밝힌 다음과 같은 사상에 들어 있다는 결론을 내리게 되었다.

> 인간 자신이 현재와 같은(tel qu'il est) 사회적 세계를 만들어 냈다. 그러나 이 세계는 단순한 지능의 산물이 아니며, 때로는 인간 자신이 설정한 특수한 목적과 어긋나기도 하지만 언제나 그러한 목적보다는 우월한 것이다.
>
> [《신과학》, p. xlv]

그는 야만 시대에서 문명 단계에 이르기까지의 인류의 발전 과정에서 이룩된 (개인의 뜻이 내포된 이해에서 발생한) 공동선의 목록을 반복해서 열거한 다음, "국가가 자멸의 위기에 처해 있을 때에도, 공동선만은 살아남아 (…) 사회는 불사조가 되어 다시 소생한다"고 결론지었다.

이 불사조의 이미지는 확고한 변증법적 의식으로는 파악할 수 없는, 모든 비유적인 설명 체계에 내포된 반진보적인 경향을 가리키는 영겁회귀의 이미지를 시사하고 있기 때문에 중요하다. 은유 형식은 역사의 은유적 통합의 전제가 쇠퇴하기 시작할 때, 역사 과정을 '형식의 혼돈'으로 몰아넣는 개념의 타락을 촉진한다. 반혁명적인 세력이 우세해짐에 따라 공정성과 정의의 승리를 믿는 미슐레의 신념이 일단 흔들리기 시작하자, 그의 신념에는 초기의 역사 저작에 기록해 놓은 이상의 본질적인 승리가 좌절된 데 대한 우울한 성찰에의 몰입 외에 아무것도 남지 않게 되었다.

미슐레의 역사 개념과 헤르더의 개념 사이의 근본적 차이점을 이제는 규정할 수가 있다. 헤르더는 역사의 장에 존재하는 대상을 은유 형식으로 규정하고 나서, 유기체론적 설명 전략과 희극의 구성 전략에 의거해 역사의 장에 대한 제유적 통합을 추구하는 방법으로 나아가게 되었다. 미슐레도 같은 방법에서 출발했으나, 그가 역사의 장에서 인식한 통합의 패턴은, 사라지기 쉬운 일시적인 성격을 지니고 있다고 보는 아이러니한 의식에서 비롯된 것이었다. 혁명의 첫해에 압제와 분열에 맞선 프랑스 민중의 투쟁과 그들의 완전한 통합이 달성되었다고 본 '로맨스'는, 적대 세력의 (일시적인) 부활과 승리를 미슐레가 자각함으로써 점차 퇴색해 갔다. 미슐레는 순결하고 정의로운 사람들의 옹호자로서 계속 역사를 서술했으나, 기대했던 결과가 아직도 달성되지 않았다는 사실을 자각하게 됨으로써 그가 정의로운 사람들에게 바친 헌신은 확고해지고 점차 '현실적인' 방향으로 나아가게 되었다. 역사적 갈등의 모든 해결은 역사적 갈등 그 자체가 바로 일종의 해결이었던 까닭에 분명히 바람직하다고 생각한 헤르더와는 달리, 미슐레는 역사가란 역사적 드라마의 막마다 작용하고 있는 요소들에 대해서 찬반의 입장을 취해야만 한다고 생각했다. 역사 과정의 행위자와 동인에 대한 그의 시각은 아이러니한 것이었다. 1789년의 프랑스에서 성취한 선의 요소가 승리를 거두리라는 희망을 간직한 그는 그러한 시각에서 선과 악을 구분했다. 그의 방법으로 여겨지는 '사실주의'는 역사 과정에 나타난 두 가지 형태의 대표자들을 주로 은유적 언어로 설명하려는 그의 의도를 반영한 것이다. 18세기의 역사가들과는 달리 미슐레는, 선과 악의 어느 것으로 받아들여지든 간에 궁극적으로 역사가인 자신은 선한 사람을 인간의 망각이라는 '감옥'으로부터 해방해야 하지만, 역사가로서의 임무는 죽은 자의 수호자가 되는 데 있다고 생각했다.

미슐레는 자신을 자유주의자로 생각하고 그가 이해한 자유주의의 명분에 봉사하기 위한 방법으로 역사를 서술했지만, 실제로 그의 역사 개념에 나타난 이데올로기적 의미는 무정부주의적인 것이었다. 《프랑스 혁명사》에서 프랑스 국민이 1789년에 달성한 상황을 설명한 방법에서 볼 수 있는 바와 같이, 그는 이상적인 상황을 모든 인간이 자연적으로, 그리고 자의에 의해서 어떠한 형식적인(또는 인위적인) 간섭도 받지 않고, 공통의 감정과 행위를 내포한 사회 속에서 통합되는 상황이 되어야 한다고 생각했다. 인류의 이상적인 상황에서는 사물의 구분이나 사물과 사물이 지니고 있는 의미의 구분은, 그가 말한 바에 따르면 순수한 상징과 통일성과 완전한 자비를 통해서 해체되는 것이었다. 인간에 대한 어떠한 차별도 그에게는 압제의 상황으로 보였으며, 그것은 정의롭고 선한 사람들을 해치는 것이었다. 국가 · 국민 · 교회 등으로 대표되는 중간 형태의 여러 통합체들은 헤르더에게는 인간 사회의 본질적 시현으로 보였으며, 랑케에게는 통합에의 수단으로 보였고, 미슐레에게는 참다운 인간성을 달성하는 유일한 징후가 되는 것이지만 바람직한 무정부 상태를 가로막는 장애물로 보였다.

인간 사회에 있을 수 있는 유일한 이상적 형식에 대한 미슐레의 개념을 전제로 한다면, 그는 이상과는 거리가 먼 실제 역사에서 직면하는 어떤 형태의 독특한 사회구조도 믿을 수 없었던 것처럼 보인다. 그러나 헤르더는 자신의 역사 개념의 논리에 의거해 모든 것을 수용하고 미래를 위해서 어떤 것도 비판하지 않고 찬양했지만, 미슐레는 프랑스 역사를 통해서 오직 1789년 한 해에만 보았다고 생각한 순수한 통합의 순간을 제외하고는, 그의 역사 개념의 논리에 의거해서는 어떤 것에서도 미덕을 찾을 수 없었다. 결국 그는 이상에 봉사한 전사와 동일시한 개인들을 찬양하고, 미래에서 이상을 추구하는 논조와 분위기를 통해 전사들의 이야기를 서술하는 데 그의 생을 바칠 수 있었다. 그러나 이상 자체는 시간과 역사를 통해서는 결코 실현될 수 없는 것이었다. 왜냐하면 이상의 실현을 가정할 경우에 이상은 무정부 상태처럼 덧없는 것이 되고 말 것이기 때문이다.

제2장 랑케 : 희극으로서의 역사적 사실주의

희극으로서의 역사 과정

희극적 미토스는 랑케의 많은 역사 저서의 플롯 구성으로서, 그리고 이러한 각 저서들이 대우주의 드라마에 대한 개별적인 단막극처럼 보일 수도 있는 구조로서 기여했다. 이 미토스가 랑케로 하여금 그가 서술한 장면의 개별적인 상술에 관심을 갖게 했으며, 더 나아가서는 기록의 홍수 속에서도 의미 있는 사실과 무의미한 사실을 확실히 가려내는 데 흔들리지 않는 자신감을 견지토록 했다. 그의 객관성, 비판 원리, 포용력, 그리고 역사 기록에서 직면하게 되는 모든 형태의 갈등에 대한 이해는, 필연적으로 조화로운 해결, 종국에는 '자연'이 정의롭고 영속적인 '사회'로 대치되는 해결을 통해서 종결되는 일련의 갈등으로서의 역사의 장에 대한 메타 역사적인 예시라는 한결같은 분위기에서 발전했다. 그리하여 랑케는 〈강국론〉이라는 에세이에서 다음과 같이 말했다.

> 세계사는 처음 나타날 때처럼 국가나 민족의 무질서한 혼돈이나 대립적이며 무계획적인 연속으로 나

> 타나는 것이 아니다. 그리고 흔히 있을 수 있는 바와 같이 문명의 모호한 발전이 세계사의 유일한 본질도 아니다. 세계사에는 여러 요소들, 숭고하고도 활기에 넘치는 창조적인 요소들, 차라리 삶 그 자체라고 불러야 할 요소들이 있으며, 우리가 보는 바와 같은 도덕적 에너지의 발전이 있다. 그러한 요소들은 추상적인 용어로는 정의될 수도 설명될 수도 없으며, 다만 보이거나 관찰될 수 있을 뿐이다. 어떤 사람은 그러한 요소들의 존재에 대한 이해를 발전시킬 수도 있을 것이다. 그것들은 여러 가지 모습으로 나타나서 서로 대립하고 견제하며 지배하는 세계를 펼쳐 보이거나 전리품으로서 획득한다. 보다 큰 영원한 충만과 고귀한 본질과 광범한 외연을 내포한 요소들의 상호작용과 연속성, 그리고 그것들의 생성과 쇠퇴와 회복 속에 세계사의 비밀이 숨겨져 있다.
>
> [폰 라우에, 《레오폴트 랑케 : 초창기(Leopold Ranke: The Formative Years)》, p.217]

여기에 나타나는 은유는 분명히 유기체론적인 것으로서 과정 그 자체를 강조하고 있다. 그러나 여기에서 말하는 과정은 시간, 과정 자체의 시간 속에 나타난 단순한 사물의 생성이나 소멸을 가리키는 것이 아니다. 비록 목적 자체가 규정되지 않은 채 남아 있고, 대체로 형식적 결합이 이루어진 경우에만 규정될 수 있는 것이라 하더라도, 시간 자체가 목적을 지향하는 진보의 과정임을 인정하고 있다는 의미에서 가치가 있다.

그렇지만 전체의 발전이 가리키는 목표나 목적은 랑케의 〈정치 문답〉 속에 규정되어 있다. 중세 말기에서 왕정복고 시대에 이르기까지 오랫동안에 걸쳐 형성된 개별적인 민족국가를 가리키면서, 랑케는 우주계에 대한 은유를 통해 유럽 역사 과정의 **결과**를 설명하려고 했다.

> 얼마나 많은 분열되고 세속적인 정신을 지닌 사회들이, 도덕적 에너지에 고무되어 각기 독자적 방법으로 세계의 모든 혼란에도 불구하고 그것을 거역하지 않고 이상을 향해 성장 · 발전하고 있는가! 이러한 천체를 그 순환과 인력(引力)과 구조를 통해서 관찰해 보라!
>
> [《레오폴트 랑케 : 초창기》, p.180]

여기에서 성장과 발전의 과정을 밝히기 위해서 이용한

유기체론적 통찰은, 결국 하나의 체계를 설명하는 데 더 적합한 은유적 통찰로 바뀌게 된다. 태양계의 이미지는 태양계의 끊임없는 운동을 시사하고 있다는 이점이 있다. 역사는 랑케의 시대에서 종결되는 것으로 인식된 것이 아니라, 아직도 정연하게 전개되고 있는 법칙 지배적인 운동으로 인식되었다. 역사는 변화를 전혀 받아들이지 않는 기존의 관계 **체계**가 지닌 관계 내에서의 운동이다.

랑케는 프랑스 혁명 전의 시대를, 당시에 작용하고 있던 요소들이 하나의 체계 내에서 각기 독특한 역할을 수행하려 한 시대로 파악했다. 그 체계는 대립과 조정의 과정으로 구성되고 있거나 이미 구성된 것이었다. 랑케는 혁명 이후 자신이 처한 시대를 그러한 체계가 궁극적으로 달성된 시대로 보았는데, 자신의 시대를 통해서 그 체계는 자동 조절의 메커니즘, 다시 말하면 완성된 타당한 보편적 형식이 되었다. 운동 · 성장 · 발전은 연속으로 인식되었으나, 그것은 어디까지나 체계 내의 구성 요소들이 충분히 작용하기 전의 경우와는 완전히 다른 토대 위에서였다. 사회는 마침내 자연을 수단으로 바꾸어 버렸는데, 그 수단을 통해 역사는 역사에 내재한 목적을 실현하고, 완전한 인간성을 달성하기 위해서 그 역할을 수행해야 하는 것이었다.

역사 분석의 '문법'

전체의 세계 과정과는 다른 것이지만, 본래 랑케에게 역사 과정이란 (신이 개별적으로 창조한 인간 존재와 같은) 개별적인 객체들이 존재하는 (신이 보장한 영속성을 지닌) 완전히 영속적인 장이었으며, 그 객체는 독특한 실체(역시 신이 개별적으로 창조한 민족)로 결합되고 단일화되어, 마침내 국민으로서의 운명을 실현하기 위해서 특수한 제도(교회와 국가)를 창안해 냈다. 개인이든 민족이든, 인간 존재는 자연적이며 동물적인 격정에 지배되므로 자연히 난폭하고 파괴적인 경향을 띠게 된 것으로 인식되었다. 그러나 교회와 국가라는 두 제도의 기구들은, 랑케에 따르면 방황하는 민중의 에너지를 인간에게 유익한 계획 속으로 결집시킴으로써 형성된 것이었다.

랑케는 교회와 국가의 기원이나 그것들이 처음 생성된 방법 등과 같은 쓸데없는 공론에 관심을 기울이지 않았다. 그는 **보편적으로** 유익한 이 두 제도의 특징을 역사의 **사실**, 즉 역사적 성찰뿐 아니라 일상적인 경험에 의해서도 입증되는 진리로 파악했다. 그는 이 제도를, 무질서한 인간성에 질서를 부여하기 위해서 신이 고안해 낸 것으로 받아들였다. 또한 그는 냉철한 역사 연구란 인간의 생활에서 이 두 제도가 맡고 있는, 보편적으로 유익한 역할을 확신하는 것이라고 생각했는데, 그것이 신앙인에게는 신성한 기원을 지닌 외경의 대상으로 보인다. 그러나 민족의 삶에 질서를 부여하는 작용을 평가하기 위해서 민족의 신성(神性)까지 믿을 필요는 없었다. 민족은 역사적 시간 속에서 독특한 체계 원리들을 만들어 낸다. '민족'이 정신적 · 물리적 에너지를 '국민'을 형성하는 데로 돌릴 수 있는 것은 바로 이러한 원리들을 통해서다.

이렇게 볼 때, 세계 과정의 근본적 조건을 형성하는 질서와 무질서의 요소들은, 한편으로는 **교회**와 **국가**를 통해서, 다른 한편으로는 **민족**을 통해서 그러한 요소의 역사적 형식을 찾는다. 마치 민족이 공동의 거주지와 언어와 독특한 일련의 관습 · 규범 따위의 문화유산을 공유하는 인간 존재로 구성되어 있는 것처럼, 교회와 국가는 인간 존재에 의해서 운영되고 있으므로, 이러한 인식의 틀은 상호배타적인 것이 아니다. 이러한 사실의 결과는 교회와 국가가 질서나 평화로운 진보의 원리에 언제나 적용되는 것으로 나타나는 것이 아니라, 때로는 교회와 국가가 누리는 자연스런 권위의 영역으로부터 벗어나려는 기도로 나타나기도 한다. 예를 들면 성직자들은 국가의 권위를 침해하려 하는데, 그 결과 민족의 정치력이 쇠퇴하며, 반대로 정치인들은 정신적 권위를 침해하려 하는데, 그 결과 대체로 시민의 개인 생활과 도덕성이 타락하게 된다. 그럴 경우 국가는 국내 분쟁에 시달리게 되고, 결국에는 인접 국가들에게 정복되고 말 것이다. 국가는 특정한 국가의 '이념'이라는 이름으로 정치적 · 종교적 권위의 적절한 균형에 충격을 가할 것이기 때문에, 인접 국가들은 약소국가를 희생시켜 성장과 확장이라는 본능적 충동을 달성하기 위해서 단일의 형식과 방향을 제시할 수가 있다. 그러므로 그러한 위협을 받은 국가가 위기의 시대에 처해 정신적 · 물질적인 것을 보유하지 못한다면, 그리고 개혁을 할 수도 없고 유익한 '이념'이 요구하는 종교와 정치제도의 관계를 재설정할 수도 없다면, 재난이 발생해 그러한 국가와 민족은 다시 일어나지 못하고 역사에서 소멸되고 말 것이다.

다시 말하면, 어느 곳에서나 국가나 교회에 관한 개념이 인간의 상상력을 압도할 정도로 과도한 힘을 행사하고 있으며, (로마가톨릭과 같은) '보편 교회'와 [독일 민족의 지상 명제(Sacrum Imperium)와 같은][9] '보편 국가'로 군림하는 그 개념만이 민족의 관계를 넘어서서 세력을 확장할 수 있다는 것이다. 랑케가 믿고 있던 바와 같이, 실제로

9) 독일 민족의 지상 명제는 독일 민족이 통일을 이루어 명실상부한 근대 민족국가로 발전하는 것을 가리킨다. 비스마르크 시대의 독일제국이 그 전형이라고 할 수 있다.

이 같은 일은 중세에 일어났으며 그 결과—그가 말한 바와 같이—'평화로운 발전'이 둔화되고, 민족이 국민으로 전환되는 발전이 저해되고, 방황 · 불안 · 공포를 속성으로 하는 **고딕적**인 음산함을 통해서 문화가 쇠퇴하는 결과를 초래했다. 그러나 결국 여러 민족 가운데서 개혁가들이 나타나서 유럽 문명을 하나로 만들고, **보편 교회**와 **보편 국가**의 이념을 공격하게 되었다. 더구나 그리스도교적인 종교의 **본질적인** 진리와 유럽 문화의 **본질적인** 통일성이 굳어져 가는 동안에도, 국가 '이념'에 맞추어 여러 민족의 특수한 욕구를 적절하게 드러낸 이 개혁가들은 종교나 정치기구의 형식과 그 기구들과의 관계 형식을 창안해 냈다.

이것이 바로 르네상스와 종교개혁, 그리고 그 뒤를 이은 종교전쟁 시대의 진정한 의의였다. 이 동안에 국가 '이념'은 유럽 여러 민족들의 자의식적인 지배 원리로 나타났으며, 그 원리는 특수한 역사적 운명을 가진 특정한 국민을 형성했고, 정연하면서도 인간에게 유익한 방법을 통해서 국민의 에너지를 동원하는 데 적합한 교회와 국가를 건설했다.

역사적 사건의 '통사론'

유럽의 민족들이 민족 특유의 정신적 · 물질적 욕구에

적합한 교회나 국가와 더불어, 그리고 공통의 종교적 · 문화적 특성을 지닌 보편적인 유럽의 맥락 속에서 스스로 국가를 형성하게 되면서부터, 유럽 문명은 과거와는 질적으로 다른 새로운 역사 발전의 단계로 접어들었다. 특정한 민족국가로서의 유럽 민족의 구성은 완전히 자주적이고 진보적이며 자율적인 문명 구조의 조건들을 만들어 냈다. 일단 국가의 다양한 '이념들'이 유럽의 여러 민족의 의식에 나타나게 되자, 한편으로는 국가 내의 교회와 국가와의 관계를, 그리고 다른 한편으로는 이같이 구성된 국가들과의 관계를 규정하기 위해서 통제가 **자율적으로 가해지게** 되었다. 그 체제는 거의 300년에 이르는 기간 동안에도 완전히 구축되지 않았으며, 이미 구축되기도 전에 그 체제는 낡고 중세적이며 보편적인 사회구조에 상응하는 세속적인 인물들, 말하자면 샤를 5세, 필리프 2세, 루이 14세, 자코뱅 당원들, 나폴레옹 등과 같은 정치 지도자들의 유럽, 심지어는 세계까지도 지배하려는 기도에서 나온 공격을 받아야 했다. 그러나 정치적 지배를 노리는 이러한 경쟁은 통합 속의 다양성이라는 원리가 작용함으로써 좌절되었는데, 랑케는 이 다양성의 원리를 유럽의 민족국가 체제가 지닌 독특한 사회구조의 형식으로 파악했다. 이 형식은 민족 분화의 필연적인 귀결로서의 **세력 균형**이라는 원리의 출현을 통해서 명백하게 표현되었다.

국가가 인민 · 교회 · 국가의 관계를 내적으로 조정하는 메커니즘을 국가의 '이념'에서 찾는 것과 마찬가지로, 중세의 비조직적이며 이지적인 세계를 형성한 유럽의 '이념'도 대외적으로는 국가 간의 관계를 조정하기 위한 지배적인 메커니즘으로 작용했다. 프랑스 혁명에서 악덕만을 찾은 다수의 **완고한 보수주의자들**과는 달리, 랑케는 많은 미덕이 혁명에서 연유한 것임을 인정했다. 예를 들면 혁명의 결과로 국가들은 자의식의 최종 단계에 도달하게 되었는데, 이때 강대국들은 다른 개별 국가들과의 공존을 통해서 공동의 목표를 발견하고 마침내 유럽 문명이 지복천년의 황금기를 맞게 되었다는 것이다. 이 시기에 국가들은 밑으로부터의 혁명이나 외부로부터 가해지는 섬멸적인 학살에 대한 공포도 없이 무한히 발전해 갈 수 있었다. 그리하여 랑케는 〈강국론〉의 서론에서 다음과 같이 말했다. "만약 프랑스 혁명 전의 100년 동안에 일어난 주요한 사건이 유럽의 자주성을 지키기 위한 강대국의 출현이라면, 그와 마찬가지로 혁명 이후에 일어난 주요한 사건도 민족성을 회복하고 소생시키고 새롭게 발전시킬 수 있었을 것이라는 사실이다." 이어서 그는 자신의 시대를 다음과 같이 정의했다. "분리의 의식에서가 아니라, 오히려 창조적인 통일의 의식 속에서 위대한 해방을 달성했다. 그 시대가 강대국의 출현을 필요로 했다고 말하는 것은 충분한 설명이 되지 못한다. 그 시대는 또한 모든 국가의 근본 원리, 즉 종교와 법률과 새로운 삶이 각 개별 국가의 원리에 적용되는 원리를 회생시켰다."

랑케에게 자율적인 민족국가의 구조는 **인간이 그때까지 알고 있던** 역사의 최종 단계를 표현한 보다 큰 공동체의 자율적 힘을 통해서 통합될 수 있는 것으로 보였다. 요컨대 그에게 역사는 현재에서 끝나는 것이었다. 19세기 중엽 유럽의 체제와 더불어 발전을 위한 미래의 모든 근본 형식도 고정되어 버렸다. 이 체제는 거의 완전한 균형 속에 존재하는 것이었다. 뉴턴의 체계가 자연계를 정확히 파악하기 위해서 신성한 시간 조정자의 일시적 개입을 필요로 했던 것과 마찬가지로 때로는 통제가 필요할 경우도 있는데, 이 통제는 일시적인 시민의 분규나 국가 간의 제한된 전쟁의 형태를 취하기도 했다.

유럽의 역사 발전에 관한 랑케의 개념이 그의 전 세계관의 모든 전제와는 동떨어진 것일 수도 있고, 반면 유럽사 연구를 구성하는 하나의 해석이나 체계처럼 장점으로 받아들여질 수 있다는 것도 분명한 사실이다. 사료 비판과 사실의 객관적 판단에 대한 방법을 적용할 때, 다른 역사가는 무엇이 역사의 장을 구성하는 요소이며 그 구성 요소의 가능한 관계 형식은 무엇인가라는 문제에 대해서 그와 의견을 달리할 수도 있을 것이다. 랑케는 자신의 저작에 대한 비판자들에게 관대했는데, 비판자들은 랑케가 특정한 시대 · 국가 · 개인 · 사상 따위를 설명하기 위해서 '사실'에 관심을 두고 있었을 뿐 아니라, 그의 체계가 근본적으로 경제적 사실과 같은 것을 수용하지 않고 사실에 대한 전체적 사고의 틀에 얽매여 있었다고 지적했다. 그러나 **역사 해석**에 대한 랑케의 체계에 나타난 한 가지 요소가 순수한 역사적 사실 이상으로 작용하고 있다는 사실을 인정하는 것은 중요하다. 그것은 바로 '국가의 이념'에 대한 그의 개념이었다.

역사 해석의 '의미론'

'국가 이념'이란 인간 사회를 조직하는 여러 방법 중의 한 개념에 불과하기 때문에, '국가 이념'의 개념을 규정하려는 나의 노력도 랑케의 체계에 기여하는 이 개념의 작용에 한정된 것이다. 그것이 바로 '평화로운 진보'를 달성하기 위해서 인간을 조직하는 가능한 유일의 원리다. 요컨대 랑케에게 '국가 이념'은 하나의 사실일 뿐 아니라 하나의 가치이기도 했다. 또한 모든 역사적 사실을 긍정적이거나 부정적으로 해석하는 원리이기도 했다. 랑케가 '국가 이념'을 영원불변의 것으로 규정했을 때, 그것은 대체로 신의 섭리를 가리키는 것이었다. 그는 민족의 이동과 교회의 형성이나 소멸, 국가의 생성이나 멸망이 있을 수 있다는 사실을 인정했다. 또한 이러한 대상들의 전개 과정을 기록하고, 그런 다음 그것들의 개별성과 특성을 통해서 그것들을 재구성하는 것이 역사가의 임무임을 그도 인정하고 있었다. 그러나 이러한 대상들의 본질을 파악하고 그 개별성과 특성을 지각하는 것은, 어디까지나 그것들에게 활력을 불어넣어 주고 그것들을 특수한 역사적 존재로 만드는 '이념'을 파악하고, 그것들을 다른 대상들과 구분할 수 있게 하는 독특한 원리를 발견하는 데 있다. 그리고 이 원리는 국가의 '이념'만이 불변의 영원성을 지니고 있기 때문에 유일한 것이었다.

그러나 대체로 이 '개념'은 특수한 역사 형식으로 현실화되는 때, 실제로 민족이 특정한 국가로 발전하는 경우에만 유용한 지식이 될 수 있다. 이것은 아직도 민족국가로 표현되는 자기실현의 단계에 이르지 못한 모든 민족과 문명이, 유럽 근대사의 진정한 역사적 여명기인 16세기 이전의 원역사적 암야(protohistorical night)와도 같은 형태에 머물러 있었음을 시사해 주고 있다. 이 정오의 은유

(diurnal metaphor)를 논리적 결론으로 이끌어 보면, 역사적 정오는 랑케가 살고 있는 현재에 해당되는데, 그 시기에 유럽의 완전한 민족국가라는 자율적인 체계가 혁명의 외상(trauma)을 뛰어넘어 최종적인 형식을 통해서 완성되었다. 요컨대 랑케는 **당시의 현실**을 **모든 시대의 이상**으로 삼았다는 것이다. 그는 순수한 의미에서의 전환과 혁명과 격변의 가능성을 과거의 시대에서만 인정했다. 그에게 미래는 자신이 처한 현재의 무한한 확대에 불과했다.

랑케에게 자율적인 민족국가 체제의 형성은 만물이 지향해야 할 목표였으며 모든 운동이 도달하게 되는 최종 지점이었으므로, 그는 필연적으로 다른 모든 사회구조의 형식을 실제로 자신의 시대에서 달성된 것으로 여겨지는 것을 현실화하려는 불완전한 기도로 받아들였다. 그 결과 그는 이 현재가 이룩한 것 이상의 어떤 사회구조의 형식도 나타날 수 없다고 주장하게 되었다. 헤겔(G. W. F. Hegel), 토크빌, 마르크스(K. Marx)처럼 그가 받아들일 수 있는 사회구조 가운데서 선택할 수 있는 유일한 형식은, 코즈모폴리턴적이며 보편적인 원리에 입각한 국제적이며 초국가적인 형식이었다. 그러나 그는 이 가능성을 역사 자체라는 수단에 의거해서 배제해 버렸다. 그 보편적인 형식은 중세에서—보편 교회와 **지상명령**을 통해서—시도되었으나, 그 결함이 노출되고 말았다. 따라서 그러한 보편적인 형식들은 영구히 쓸모없는 것이 되어 버렸다. 랑케는 미래에서 이 보편주의적인 사회 형식을 소생시키려는 기도가 나타날 가능성을 배제하지 않았다. 그는 그러한 기도가 자유주의 · 민주주의 · 사회주의 · 공산주의에서 나타날 것으로 보았다. 그러나 그는 그러한 운동을 전쟁 그 자체처럼, 영원한 생명력을 지닌 국가 '이념'을 강화하거나 더욱 명백하게 드러내는 경우에만 가능한 것으로 파악했다.

희극으로 구성된 역사

랑케가 어떤 면에서는 미슐레보다도 더 용이하게 역사를 보편적으로 설명할 수 있었으나 다른 면에서는 그렇지 못했다는 사실이 우리의 주목을 끌고 있다. 희극 형식으로 쓰인 역사의 플롯 구성이, 형식적으로는 로맨스적 역사에 비해서 설명의 설화적 수준에 더 적합하기 때문이다. 미슐레가 쓴 프랑스사의 플롯은 그 주역(프랑스 인민)의 점진적인 성장 과정을 기술한 것으로, 인민의 본질적인 성격에 풍부한 의미를 부여하고 인민의 성장이나 자기실현을 저지하려는 사람들과 제도와 전통에 대항해 본래의 단일성을 일시적으로나마 충분히 달성한 것을 표현하고자 하는 목적이 있었다. 그러나 이같이 순수한 진보 과정은 진보라는 구성 요소가 지니고 있는 은유적 성격 때문에 모호해지고, 이 구성 요소들이 인민의 끊임없는 승리를 통해서 도달한 높은 단계를 설명하기 위해서는 더욱 눈부시고 극단적이며 포괄적이고도 격렬한 양상을 띠지 않으면 안 된다. 더구나 미슐레는 진보의 과정이 혁명적 이상의 배신으로 진보의 정점으로부터 심연의 나락으로 떨어져 버린 사실을 깨닫고 진보의 정점과는 동떨어진 면에서 진보의 과정에 대한 역사를 서술했으므로, 극적인 계기가 지닌 순수성과 광휘와 성스러움을 파악하려는 그의 기도는, 사건 자체가 발생한 곳과는 동떨어진 피안으로 물러난 가장 완곡한 시적 투사(poetic projection)에 의해서만 유지될 수 있었다.

비록 랑케와는 전혀 다른 방법으로 서술한 역사를 통해서 당시의 역사를 파악하고 있었음에도 불구하고, 랑케와 마찬가지로 미슐레도 왕정복고 시대의 역사가였다. 미슐레가 이상과는 동떨어진 나락으로 경험한 것, 즉 성교 후의 우울과도 같은 것을, 용어상의 의미를 지닌 것에 불과한 것이기는 하지만 랑케는 일종의 완성으로 받아들였다. 혁명의 계기에 관한 미슐레의 개념에서처럼, 그것은 자체 내에 인민의 결속을 저지하기 위해서 인위적으로 설치한 장애물을 제거함으로써 단일성이 형성되는 시점을 가리키는 것이 아니라, 형식적으로 상반된 요소들이 보다 높은 사회형태로 뭉친 완전한 통합, 다시 말하면 독자적인 지위를 유지하고 전체의 불가결한 부분으로서 기여하는 민족국가가 국제적인 체제에 이르는 시점을 가리키는 것이었다.

헤르더가 제시한 역사 과정의 유기체론적 이해가, 랑케의 저서에서는 과정을 전체로서 이해하는 은유로 나타나고 있다. 그러나 그것은 희극의 플롯 구성으로 승화된 것이었으며, 그와 같은 플롯 구성에 의해서 유럽 역사에 관한 이야기가 독특한 의미를 지닌 이야기로 이해되었다. 이 플롯 구성은 많은 의미를 지닌 복합체로, 미슐레의 로맨스적 역사에서 그것은 이차적인 의미밖에 없었다.

미슐레는 역사를 마니교적인 갈등으로 구성했는데, 그 갈등을 통해서 역사의 주인공인 인민이나 그 적대자가 모두 세속적인 투쟁에 휘말리게 되고, 역사 과정에서의 정점을 찾으려는 이야기의 체계 속에서 어느 한쪽이 구원과 파멸의 현현체(epiphany)로서 제거되지 않으면 안 되었다. 그러나 랑케는 이 갈등의 스펙터클을 주인공과 그 적대자와의 투쟁을 초래하는 보다 큰 통합으로 이해했으며, 대체로 사회질서나 투쟁 자체가 초래하는 결과를 중시했다. 인류가 도달해야 할 최종적인 통합에 대한 이미지는 역사시대의 최종 단계에 이르러서 신념이나 상상력이 지향하는 과정으로 받아들인 바람직한 목표에 기여하는 이미지로 대체되었다. 중세 성기(High Middle Ages)에서 왕정복고기에 이르기까지 천 년 동안의 갈등 과정에서 형성된 제도와 국가를 통해서 이미 이룩한 사회 통합의 형식이야말로 중요한 의미를 지닌 것이었다.

불안하지만 평화로운 상태에서 갈등의 표출을 거쳐, 진정한 평화로운 사회질서의 건설을 통한 갈등의 해소라는 희극의 이 세 가지 운동이 랑케로 하여금 자신감과 확신을 가지고 주요한 시간 단위를 서술하도록 만들었으며, 그러한 시간 단위를 통해서 역사 과정이 구분될 수 있었다. 시제상의 그 과정이 분명히 그처럼 구성될 수 있다는 사실이, 당시의 정치 · 사회형태를 역사 분석의 '자연적'인 단위로 받아들인 랑케의 신념을 강화했으며, 그러한 역사 분석에 의거해서 역사의 장을 공간적 · 공시적 구조로 서술할 수 있게 했다.

서구 문명은 라틴적 · 게르만적 문화 영역으로 구분되며, 나아가서는 그 영역들에서 형성된 언어군으로 나뉜다. 이 언어군은 다시 민족을 형성한 유럽 여러 지역에서의 문화와 자연의 공생 관계의 기초로서 작용한다. 그리하여 국가를 통해서 여러 민족의 독특한 미덕과 힘을 조직하는 데 적합한 정치 · 종교적 구조의 특수한 형식이 요구된다. 그 결과 국가 간의－세력 균형의 개념으로 표현되는－특수한 관계 형식은 국가 간의 모든 갈등이 지향하는 목표에 의존하게 된다. 부분은 전체의 차원에서 분석되고, 전체는 실제로 쓰인 이야기의 과정에 나타난 부분을 통해서 재구성되기 때문에, 부분이 전체에 대해서 갖는 관계의 표출은 점차 **사건이 왜 그와 같이 일어났는가를 설명**하는 것으로 받아들여지게 된다.

이러한 설명 전략을 인정하는 비유적 성격의 형식은 제유적이다. 이러한 비유의 '방법론적 투시'가 바로 근대의 사학 사상가들이 '역사주의(historism)'로 평가한 바 있는 그 유기체론(organicism)이다. 사건이 왜 그와 같이 일어났는가라는 물음에 대한 랑케의 설명은, 동질의 실로 특성이라는 '직물(texture)'을 짜는 작업과 같은 맥락에서 미슐레의 그것과 유사했다. 그러나 특정한 맥락－'중세'나 '종교개혁의 시대'나 '17세기' 등과 같은 맥락－에 대한 설명이 독자에게 형식적 결합의 연속성에 대한 의식을 불어넣으며, 그러한 형식적 결합을 통해서 유럽 문명 자체의 마지막 단계인, 부분과 보다 큰 역사적 전체와의 통합을 가리키는 방법에 따라서 연출이 전개된다.

이야기가 "다음에 무슨 일이 일어났는가?", "그 사건은 결국 어떻게 되었는가?"라는 물음에 해답을 제시하는 이야기의 구성 요소와 "대체 그 사건에 대한 시각은 무엇인가?"라는 물음에 해답을 제시하는 플롯의 구성 요소를 내포하고 있으므로, 설명 또한 다음과 같은 두 가지 방향으로 전개된다. 한 방향은 "무슨 일이 일어났는가?"라는 물음에 어떠한 법칙이나 과학적 설명도 인정하지 않고, 사건의 설명이 다양한 직물로 짜여 있다는 인상을 주고 사건들을 서로 연결하는 설명의 실들을 한 맥락 내에서 어떤 사건이나 일련의 사건들에 끼워 넣어 식별함으로써 해답을 제시하는 것이다. 다른 또 하나의 방향은 "사건이 왜 그와 같이 일어났는가?"라는 물음에, 기존의 형식으로 간주되기는 하지만 연속되는 단계에서 보다 높은 통합이라는 현상으로 발전해 가는 방법-유기체론의 형식을 통해서 역사가 한 국면에서 다른 국면으로 넘어가는 운동-이라고 설명함으로써 해답을 제시하는 것이다. 역사가에게 적합한 **형식 중의** 형식을 부정하는 것은, 역사가 자신이 처한 시대와 기존의 형식적 결합을 전제로 하는 것이지만, 역사 과정의 마지막 단계에 추론적인 **목표**나 목적의 지위, 또는 모든 선행 단계의 목적을 제시하는 결과를 초래한다. 요컨대 역사의 장은 먼저 사건의 구조 관계라는 직물을 짜는 실과 끈에 의해서만 흐트러진 사건들을 서로 결합시키는 복합체로서 조명된다는 것이다. 그런 다음 그 장은 소우주와 대우주, 부분과 전체 간의 상호 관계를 형성하는 통합적 전체의 패턴으로, 그리고 역사에서 인식할 수 있는 최종적인 형식적 결합이 바로 역사 과정에서 당연하게 받아들인 사회 · 문화 구조의 최고 형식이라는 사실을 시사하는 방법으로 묘사된다.

그리하여 랑케는 역사를 제유 형식으로 인식했다. 하나의 방법으로 전환될 경우에는, 이 형식이 그로 하여금 역사를 희극 형식으로 구성하게 했으며, 유기체론의 방법으로 역사를 설명토록 만들었다. 그러나 우리가 흔히 '사실적'인 학문이라고 부르는 독특한 성격을 랑케의 사학에 부여하는 구성 형식이나 설명 형식에 대한 형식상의 논거를 찾고자 한다면, 우리는 랑케의 저작들보다는 다른 역사가들의 저작에서 찾지 않으면 안 된다. 이 변호는 일찍이 1821년에 정치가이자 철학자이며 과학자인 훔볼트(W. von Humboldt)가 쓴 〈역사가의 임무에 대해서〉란 제목의 한 에세이(본래는 베를린에서 행한 강연)에서 제시되었다.

결론

역사 과정에 대한 랑케의 사상에서 우리는 문학상의 낭만주의의 주요한 가설들과 분명히 결별한 흔적을 발견한다. 물론 랑케 사학의 배면에 깔린 낭만주의적인 충동마저 부정할 수는 없다. 그 자신조차 그의 청년기의 사상을 지배한 그 같은 충동에 대해서 언급한 바 있다. 그 충동은 특수성과 구체성을 통한 개별적 사건, 이야기로서의 역사적 설명에 대한 그의 개념, 그리고 역사적 드라마에 등장하는 인물들의 의식의 내면으로 들어가서, 그들이 경험한 대로 그들을 파악하고 그들이 처한 시간과 공간 속에서 그들이 직면한 세계를 재구성하려는 관심으로 나타난다. 그렇지만 동시에 랑케는 역사 기록을 무비판적인 시각에서 보는 '형식의 향연(revel of forms)' 속에 빠져드는 충동에 단호하게 대처했다. 그의 견해에 따르면, 역사란 — 그것이 지닌 명백한 혼돈의 성격에도 불구하고 — 바르게 형성된 역사의식에 역사의 궁극적인 의미, 즉 종교적 감각에 의한 역사적 성찰에서나 끄집어낼 수 있는 것으로서 전체적으로는 확신이 결여된 그러한 역사의 의미와 이해력을 부여한 것이었다. 이 '의미'는 역사 과정의 유한한 마디들의 형식적 결합에 대한 이해, 인간의 삶과 사회에 대한 포괄적인 결합을 한결같이 유지하는 구조적인 이해에 있다.

간단히 말하면, 랑케에게서 역사가 의식에 드러내고 있는 의미는 전적으로 유기체론적이라는 것이다. 그러나 그 유기체론은 노발리스가 전체의 과정에서 찾고자 한 전체론적인 유기체론이 아니라, 관찰자가 소우주 속에서 전체에 내포된 보다 큰 통합의 '암시'를 찾을 수 있는, 부분과 전체와의 관계가 지닌 유기체론이다. 랑케는 보다 큰 역사적 결합의 본질에 대한 적절한 이해를 특정한 종교적 감각에 넘겨주고, 그러한 감각이 역사의식을 바르게 해석한다고 생각하지도 않았다. 그러나 그는 한편으로는 콩스탕이 체험한 절망을 극복할 수 있는 하나 혹은 여러 가지 의미를 지닌 통찰 형태와, 다른 한편으로는 노발리스가 고취한 바와 같은 형태의 소박한 신념을 역사가가 받아들이는 것을 용인하고 말았다. 인간적인 사회를 실현하려는 인류의 노력을 통해서 역사 현실을 상이한 시간과 장소에 배열하는 형식을 발견하는 것, 이것이 바로 역사가의 임무에 관한 랑케의 개념이었다. 그리고 이 유기체론이 바로 19세기 중반기의 사학을 하나의 독립적인 학문 분야로 발전시킨 이론을 구성하는 데 바쳐진 랑케의 주요한 업적의 토대가 되었다.

헤겔의 제자인 하인리히 레오(Heinrich Leo)와 랑케 사이에 벌어진 논쟁이, 역사를 특수에서 보편으로 진행되어 가는 과정으로 이해할 것인가, 그렇지 않으면 보편에서 특수로 진행되어 가는 과정으로 이해할 것인가와 같은 문제로 바뀐 것은 사실이다. 그러나 이 논쟁은 역사의 장이란 일반적인 것과 특수한 것, 보편적인 것과 개별적인 것이 전체로서의 역사 과정에서 마주치고 결합하는 장이라는 공통의 가설 **내에서** 이루어진 것이었다. 실질적인 문제는 한편으로는(헤겔이 설명한 입장) 개념화에 따른 엄격성에 대한 요구와, 다른 한편으로는(훔볼트와 랑케가 설명한 입장) 역사 지식[10)]의 근거에 대한 엄격한 개념화에 저항하는 가능성과 연관되고 있다. 유기체론적 설명의 개념으로 이해한 것이지만, **분석상의 불명료성은 의문의 여지가 없는 유용성을 지니고 있다**는 말은, 근본적으로 인식할 수 없는 조건이나 충동이 개입된 영역과 같은 역사 분야를 이해하는 데서 나온 것이다. 이것이 바로 랑케와 그의 추종자들이 역사 연구의 '경험론적' 방법을 요구하는 실질적인 내용이다. 그러나 이 '경험론'은, 특수성에 대한 엄격한 관찰에서보다는 오히려 어떤 형태의 과정을 분석하지 않으려는 의도, 그리고 그러한 형태의 이해를 본래

---

10) 랑케학파는, 역사 지식이 사료의 엄격한 선별과 분석에 의해서 얻어지는 것이므로 그것을 엄격하게 개념화할 수는 없다고 주장했다.

한정된 것으로 받아들이려는 의도에서 나온 것이다.

궁극적으로 역사적 사건의 신비로운(기적적이라는 말이 더 적합할지도 모르지만) 성격에 대한 이 같은 이해가 반계몽주의로부터 벗어나게 했으나, 본질적으로 이 이해는 대우주의 차원에서 역사 과정을 설명할 수 있는, 모든 이야기에 나타난 희극적 플롯 구성에 수반되는 신념에 자연스럽게 이끌린 것이었다. 궁극적으로는 역사 과정을 희극적으로 본 이러한 이해가 이른바 역사주의 세계관의 낙관론적 토대를 구성하고 있었다는 것이다. 랑케류의 역사주의가 지니고 있는 '낙관론적'인 가설들이 모호한 것은, 어느 정도까지는 **단순한** 낙관론적인 태도가 진리에 대한 신념을 입증하는 논거에 의해서 뒷받침되지 않을 때 나타나는 일종의 소박한 개념으로 체험되기 때문이다. 훔볼트와 랑케의 제유적 의식에서는 이 논거가 바로 비판적으로 분석되지도 않고 입증되지도 않은 일종의 **선입견**인데, 그것은 인간이란 절망에 빠지지만 않는다면 누구나 어쩔 수 없이 도덕적으로 역사를 살피게 될 것이라는 태도에 의해서 굳어진 신념이다. 하지만 그러한 선입견을 믿는 근거가 세계의 과정에 대한 실질적인 **설명**에 의해서 제시되고 있으며, 바로 그 같은 설명을 통해서 전체 과정에 대한 희극적 플롯 구성의 가능성이 입증된다.

역사주의가 드러내고 있는 위협은, 가능한 가설의 범주 밖에서는 유기체론적 설명 개념을 비판할 수 없기 때문에 이론적인 것이 아니었다. 이 가설들의 토대를 무너뜨릴 필요가 생긴 것은, 역사 기록이 기계론적 · 형식주의적 · 맥락론적 설명 형식에 의해서 이해될 수 있는 논증이 아니라, 동일한 과정이 어떤 역사가에 의해서는 **희극적 드라마**로 설명되는 데 반해 다른 역사가에 의해서는 **비극적 드라마**나 **부조리한 과정**으로 설명될 수도 있다는 논증에 있었다. 그 같은 선택적인 플롯 구성이, 연출 과정에서 주요한 역할을 담당하는 **드라마**의 희극적 해결을 제시할 수 있는 능력에 대한 믿음을 이미 상실해 버린 관객에게 제시될 때, 역사의 유기체론적 설명에 대한 관심은 기계론적 · 맥락론적인 설명 기법을 이용하려는 욕구에 굴복하게 된다. 이것이 한편으로는 실증주의와 마르크스주의, 다른 한편으로는 심미주의의 출현과 더불어, 19세기의 마지막 사반세기 동안에 대부분의 학문 세계에서 어떤 일이 일어났는가를 설명해 주고 있다.

그러나 그러한 상황 속에서는 유기체론이 폐기**될 필요가 없었다**. 유기체론은 역사 과정을 **희극적 드라마**로 설명하는 데서부터 현실을 과학적으로 이해하는 능력에 대한 믿음이 사라져 버렸을 때, 지배적인 사회계층이 지니는 중

추신경의 마비를 역사 과정을 반영하는 **부조리극**과도 같은 과정으로 설명하는 경우에만 필요한 것이다.

홈볼트의 에세이가 지닌 의미는, 논리적이며 과학적인 근거에서는 타당하지 않은 역사에 대한 그의 설명 개념에 있는 것이 아니라, 오히려 그것이 역사 연구의 유기체론적 접근 방법에 적합하다는 신념에 있다. 그의 에세이가 시사하는 것은, 만약 역사적 설명이 전 역사 과정에 대한 최종적인 형식적 결합에 대한 확신에 의해서 뒷받침되었더라면, 한편으로는 낭만주의자들의 '존재의 혼돈'이라는 개념으로부터, 다른 한편으로는 관념론자나 실증주의자들이 시사한 바와 같은 역사의 완전한 이해라는 개념으로부터 사학 사상이 벗어날 수도 있었다는 것이다. 요컨대 그 에세이는 제유적 이해 형식의 ~~수용~~을 표현한 것이었다.

제유의 **미토스**는 희극의 꿈이며, 모든 투쟁과 반목과 갈등이 완전한 조화의 실현을 통해서 해소되고 모든 범죄와 악의 어리석음이 결국에는 역사라는 극의 결말에 이르러 해결되는 사회질서를 확립하기 위한 **수단**으로 나타나는 세계에 대한 이해다. 그러나 이 희극적 해결은 다음과 같은 두 가지 형태를 취할 수도 있다. 목적을 지향하는 진보를 가로막는 사회에 대한 주인공의 승리와, 유한한 사회 형태로서의 집단에 도전하기 위해서 봉기한 개인에 대한 집단의 권리를 재강조하는 형태가 그것이다. 첫 번째 형태의 희극적 플롯 구성은 **욕망의 희극**이라고 부를 수 있으며, 두 번째 형태는 **의무**와 **복종**의 희극이라고 부를 수 있다. 미슐레는 첫 번째 형식을 통해서 프랑스 혁명까지의 프랑스사를 서술했으며 랑케는 두 번째 형식을 통해서 유럽의 모든 민족에 관한 역사를 썼다. 19세기 중반의 새로운 '사실주의적' 역사학의 대표자로서 이들을 하나로 묶을 수 있었던 것은, 그들이 지니고 있었던 공통의 신념이었다. 그것은 그와 같은 사건이 왜 일어났는가를 이야기 형식으로 설명하는 것과 같은 방법이지만, 특수성과 다양성을 통해서 역사 과정을 단순하게 서술함으로써 완성과 성취와 이념의 드라마를 서술할 수 있다는 신념이었다. 역사 기록에 포함되어 있는 사실이나 사건의 혼돈 속으로 기꺼이 빠져든 그들의 의도 뒤에는, 특수성을 통한 사건의 정확한 서술이 혼돈의 이미지에서가 아니라 형식적 결합의 시각을 통해서 이루어지리라는 신념이 있었으며, 이 형식적 결합은 과학이나 철학은 물론 언어의 설명으로도 파악할 수 없는 것이었다. 두 사람 모두 발전 과정의 중심에 놓여 있는 '이념'의 본질을 파악하려고 했으나, 그 이념이 먼저 그들의 목적을 설화적 산물이라는 함정에 빠뜨리고 말았다.

제3장 토크빌 : 비극으로서의 역사적 사실주의

서론

미슐레의 사학 사상에 나타난 일관성은 역사의 장을 통해서 그가 이해한 개인이나 과정에 대한 은유적 설명에 그의 능력을 끝까지 적용한 데 연유한 것이었다. 역사의 장에 존재하는 대상에 대한 미슐레의 형식주의적 이해는 오직 로맨스적 신화에 의존한 것이었으며, 그는 이 신화를 1789년의 혁명에 이르러 절정에 달한 사건의 연쇄를 구성하는 데 이용했다. 그의 사상에서의 한 가지 주요한 모순은, 특히 자유주의적인 이데올로기의 의미를 성격상 본질적으로 무정부주의적인 역사 과정의 개념에서 끌어내려는 노력에 있었다. 하지만 이 모순이 랑케의 사상이나 업적을 훼손하지는 못했다. 랑케의 지식에 관한 이론은 유기체론적이었으며, 플롯 구성 형식은 희극적이었고, 이데올로기적인 입장은 보수주의적이었다. 그러나 결과적으로 우리가 랑케의 저작을 대하게 될 때, 아무리 화자로서의 그의 학식과 능력에 깊은 인상을 받게 된다 하더라도, 우리는 위대한 시나 문학이나 철학, 심지어는 위대한 역사를 접하게 되었을 때와 같은 긴장을 그의 저서 어느 곳에서도 발견할 수가 없다. 어떤 의미에서는 이것이, 때로는 랑케와 같은 역사가에게서 거의 찾을 수 없는 흥미를 미슐레와 같은 역사가에게서 회상할 수 있는 이유인지도 모른다. 우리는 랑케의 **업적**을 찬양하지만, 미슐레의 **아곤**(agon),[11] 즉 그의 투쟁에 대해서는 공감하게 된다.

그 아곤이 인간과 사회의 역사를 거시적으로 구성하는 데 적용될 경우에는, 어느 누구도 랑케의 저작에 나타난 바와 같은 형태의 확신을 받아들일 수는 없을 것이다. 지식은 '사실'뿐 아니라 지식 그 자체와의 투쟁이 낳은 산물이다. 현실에 대한 선택적 시각이 순수한 가능성으로 받아들여지지 않는 곳에서는, 사상의 산물은 굴종이나 안이한 자기 확신을 지향하게 된다. 우리는 괴테보다는 랑케에게 오히려 더 큰 공감을 하게 된다. 사상가는 영혼을 통해서 파악하지 못한 것을 성취하려고 해서는 안 된다. 우리가 랑케의 의식 가운데서 직관하는 평정(平靜)은, 그의 시각과 그것을 한 사람의 역사가로서 그의 연구에 적용하려는 적응력의 결합이 낳은 작용의 산물이었다. 의식적으로 받아들인 것이지만, 미슐레가 낙관적인 그의 역사관으로부터 역사관 그 자체와는 모순된 이데올로기적 입장으

11) 갈등 그 자체. 로맨스의 원형적 주제.

로 옮겨 간 것을 볼 때 그에게는 그러한 결합력이 부족했던 것 같다. 따라서 적어도 도덕적 확신이 바람직하기보다는 위험하게 여겨지는 시대에 살고 있는 우리에게는, 그의 업적이 매우 소란스럽고 열정적일 뿐 아니라 현장성이 짙은 것으로 보인다.

미슐레를 통해서 이해한 것과 유사한 격정은, 위대한 동시대인이며 동포의 한 사람인 알렉시 드 토크빌의 저작에도 깃들어 있다. 이 격정은 토크빌이 미슐레와 공유하고 있던 두 가지 감정, 즉 타인에게 공감을 주는 뛰어난 능력과 과거나 현재를 통해서 가장 고귀한 가치를 지니고 있다고 생각한 모든 것이 파괴되지나 않을까 하는 두려움에 근거한 것이다. 우리는 지금까지 미슐레가 어떻게 역사 일반에 대한 아이러니한 개념으로 옮겨 갔는지에 대해 살펴보았다. 적어도 미슐레의 눈에는, 프랑스의 정치 생활이 1789년에 맛본 행복 속에서 이상적인 국가의 통일성을 달성한 조건과는 너무나 동떨어진 것처럼 보였다. 프랑스사의 정점이 과거의 일로 희미해져 감에 따라 미슐레가 1789년까지의 프랑스사에 형상과 형식을 부여한 로맨스적 신화는, 만약 그가 총체성과 색조와 생동감과 생활을 통해 과거를 재구성하고 재생하는 작업을 성공적으로 수행할 수만 있었다면, 발전적으로 승화되고 절제되어 프랑스사의 성과가 **아직도 잔존하는** 계시로서 취급되었을 것이다. 우리는 토크빌의 역사적 사고의 전개를 통해서 역사와 프랑스사 일반에 관한 그의 사상적 발전을 추적해 봄으로써, 《미국의 민주주의(De la démocratie en Amérique)》(1835)에서 《회고록(Souvenirs)》(1859년 서거하기 전까지 몇 해 동안 쓴 책)에 이르기까지의 과정에 나타난 아이러니에의 흐름과도 유사한 면을 살펴볼 수가 있다. 그러나 토크빌을 이 같은 흐름으로 몰아넣기 시작한 관점은 미슐레의 그것과는 다르다. 미슐레는 로맨스에서 출발해 한 사람의 역사가로서 종사하려 한 이상을 배반한 운명에 대한 비극적 이해를 거쳐, 마침내는 1789년 이후의 프랑스사를 고찰한 방법인 순화된 낭만주의와 명백한 아이러니를 혼합한 데까지 이르렀다. 그러나 토크빌은 독특한 비극적 역사관을 유지하려는 노력에서 출발해, 조만간에 자유에의 전망을 거의 포기해 버릴 상황에 이르게 된 아이러니한 체념에 빠져들고 말았다.

최근의 토크빌 연구는 그의 사상에 내포된 지적 · 정서적 토대를 충분히 드러내 주었다. 다시 말하면, 과거와 당시 사상가들이 그에게 미친 영향이나, 오를레앙파(Orleanist)가 지배한 프랑스의 사회적 · 정치적 세계에서 그가 취한 입장 등이 충분히 드러났다는 것이다. 근대의 사회학적 사고의 주요한 선구자로서의 그의 위상도 충분히 설명되고, 이제는 자유주의와 보수주의 이데올로기에 끼친 그의 공적도 인정받고 있다. 토크빌의 이러한 사상 · 업적 · 생애 등의 특징에 대한 이해에 사족을 달고자 하는 것이 내 목적은 아니다. 나는 역사에 대한 그의 사상을 독특한 역사적 성찰 유형의 한 모델로서 분석하는 데 더 큰 관심이 있다.

이 형식은 전적으로 특정한 (자유주의 혹은 보수주의 같은) 이데올로기의 꼬리표나, 특정한 (사회학 같은) 학문 분야의 꼬리표로 인식될 수는 없다. 실제로 역사가로서 토크빌이 지닌 업적의 논리적 의미는 급진적이라는 것이 나의 견해다. 그는 하나의 과정으로서 역사적 작용을 지배하는 인과법칙을 설정하기 위해 역사를 고찰했기 때문에, 근대적이며 유물론적인 형태의 급진주의와 결합된 사회과정에 대한 설명 전략의 개념에 동조하고 말았다. 이 묵시적인 **급진주의**는 토크빌의 주요한 두 저작인 《미국의 민주주의》와 《구체제와 혁명(L'Ancien Régime et la Révolution)》의 거시적 역사 체계를 형성하고 제시한 **비극의 미토스** 속에 반영되어 있다.

이 두 저작에 나타난 사회 현실 인식이 취한 명백한 형식은 유형론적이며, 결국 형식주의적 해체와 실제로 구성된 형식에 의해서 확인된 과정과 요소를 유기체론적으로 동일화하려는 것이 토크빌의 목적이라는 것이다. 그러나 미슐레나 랑케와는 달리, 토크빌은 형식의 향연이나 대립되는 요소의 통합을 결코 유럽의 미래를 위한 순수한 가능성으로 다루지는 않았다. 그에게 미래는, **사회에서의 인간 관계**를 조화시키려는 희망의 장으로는 거의 파악되지 않았다. 역사에서 작용하는 요소, 즉 역사를 필연적인 투쟁의 장으로 만든 요소는, 사회에서든 인간 자신의 정신 속에서든 결코 조화로운 것이 아니었다. 토크빌이 지적한 바에 따르면, 인간은 인간에게 불가결한 사회질서로 구성되는 것과, 영구히 또 완전히 인간답게 되는 것을 가로막는 악의 본질로 구성된 것의 '두 심연의 가장자리'에 놓여 있는 존재다. '두 심연의 가장자리'에 놓여 있는 존재의 의식은, 자신을 동물보다 우위에 올려놓고자 끊임없이 노력하면서도 한편으로는 저지되고, 구속받고, 종(種)으로서의 지배가 불가능한 인간의 내부에 도사리고 있는 **천사**를 육성하려는 면이 있다.

토크빌의 모든 사상의 토대는 역사 · 사회 · 문화에서 발견되는 질서를 대부분 축복의 기도라는 수수께끼로 만들어 버린 원초적인 혼란에 대한 이해에 있다. 그와 동시대 작가인 발자크(H. de Balzac)와 마찬가지로, 토크빌도 인간이 하나의 역사를 '가지고' 있다는 신비로운 사실에 고무되었다. 그러나 인간을 탄생시키고 인간으로 하여금 모든 혼란을 막는 성채로서의 '사회'를 떠받치지 못하게 하는 어두운 심연에 대한 그의 관념은, 세계 과정을 궁극적으로 지배하는 요소에 대한 그의 지식을 통해서 가끔 완화되기는 했지만, 어떤 희망도 그에게 안겨 주지 못했다. 토크빌에게는 (마르크스와는 달리) 존재 자체가 하나의 미스터리였기 때문에, 그는 그의 사상을 역사 현상에 대한 그의 유형론적 체계화를 수용하고 있는 역사과학에 대한 성찰에 적용할 수가 없었다. 이해하기 어려운 이 신비로운 잔재가, 그로 하여금 역사가 사회현상에 대한 순환적이면서도 상호 배타적인 **형식**이라는 사실을 받아들인 **역사 과정의 법칙**을 개념화하지 못하도록 만들었다.

그렇지만 그보다 앞선 계몽 시대나 그 후의 19세기 말에 나타난 순수한 아이러니스트들과는 달리, 토크빌은 역사가 보편적 의미를 전혀 갖지 않는다는 사실을 믿을 수가 없었다. 비극적인 아곤이 반복해서 시사하고 있는 것은, 역사의 진의란 인간의 영원한 투쟁과 인간 자신으로의 회귀 외에 아무것도 아니라는 것이다. 그리하여 역사의 신비는 이제 아이스킬로스(Aeschylos)나 소포클레스(Sophocles) 식의 방법을 통해, 처음에는 보다 나은 미래를 향해서 자신에 찬 행동을 현재에 적용하는 것으로, 그 다음에는 실현 가능성을 성급하게 포기하거나 반대로 불완전하게 파악한 사회적 · 개인적 프로그램을 성급하게 수용하는 위험성을 회상하는 것으로 인식되기에 이르렀다. 그리고 역사에 대한 이 두 전망은 토크빌이 지닌 자유주의의 토대가 되었다. 그의 역사 성찰에 나타난 논조나 분위기가, 에우리피데스나 만년의 셰익스피어가 드러낸 아이러니한 신념, 삶이란 전혀 무의미하다는 신념에 빠져든 것은, 그의 생애가 막을 내릴 무렵에 이르러서였다. 이 신념이 형성되었을 때에도 토크빌은 도덕적 이유, 다시 말하면 기껏해야 운명이 부과한 천박한 물질을 획득하기 위한 삶을 영위할 뿐인 인간에게 그러한 신념이 별다른 영향을 미치지 못하리라는 두려움에서 벗어나려는 도덕적 이유 때문에, 그러한 신념을 드러내지 않았다. 그리고 그는 그 신념이 철학자이며 역사가로서의 임무를 망각시키지나 않을까 하는 두려움만을 증대시키는 역사 개념을 진리의 이름으로 전파한 이유 때문에, 친구 고비노(J. A. Gobineau)까지도 비판했다.

만약 토크빌이 역사란 무의미하므로 어떤 희망의 근거도 제시해 주지 못한다거나, 반대로 역사가 의미를 지니고 있으며 그 의미가 충분히 인간에게 이해될 수 있는 것이라고 주장했다면, 그는 어떨 수 없이 후계자 부르크하르트가 표명한 반동적인 견해나, 동시대인인 마르크스의 급진적 입장 가운데 어느 하나를 밀고 나가야 했을 것이다. 그렇지만 그는 역사란 의미가 있으며, 이 의미는 인간 자신의 **신비로운** 성격을 통해서 발견된다는 사실을 믿으려고 했다. 역사 과정의 법칙론적인 성격에 대한 그의 개념이 그로 하여금 당시의 대부분의 주요한 사회문제에 대해 급진적 입장을 취하게 했음에도 불구하고, 그를 자유주의로 불린 이데올로기적 입장의 대변자가 되게 한 것은 바로 이 미스터리에 입각한 가치였다.

토크빌의 '과학적'인 역사 연구 방법은 결국 역사적 사건을 종 · 속 · 강 따위의 **형태**로 배열하는 것이었다. 유한한 일련의 사회 · 정치 · 문화적 현상을 통해서 사실의 배열이 이루어졌을 때, 사실은 지식으로 변형되었다. 예를 들면, 토크빌은 두 가지 형태의 사실, 즉 민주주의 사회형태와 귀족주의 사회형태를 분석했다. 중세 말에서 당시에 이르기까지의 근대 서구 문명사에 대한 그의 개념은, 이 두 사회형태가 어떻게 서구 문명 속에서 형성되었는가라는 문제와 이 두 사회형태의 관계나 상호작용의 본질, 각 사회형태의 미래에 대한 전망 등으로 돌려졌다. 토크빌이 해답을 제시해야 하는 문제는 다음과 같은 것이었다. 본질적으로 불변인 이 두 사회형태가 발생하고 서로 작용하며 대립하는 **과정**의 본질은 무엇인가?

실제로 토크빌은 이 문제를 직접 다루지 않았다. 그는 정치 · 사회 · 문화 · 역사적 성격에 관한 장기간의 경향을 파악해야 한다고 주장했으며, 그의 견해에 따르면 그 경향들은 한 사회형태(귀족주의)의 쇠퇴와 다른 사회형태(민주주의)의 발흥을 가리키는 것이었다. 또한 그는 귀족주의적 사회형태의 쇠퇴가 민주주의적 사회형태를 발흥시키는 작용을 한다고 암시했다. 이 사실은 그가 전 역사 과정을 이용 가능한 유한한 에너지를 지닌 하나의 폐쇄적인 체계, 다시 말하면 모든 발전 과정에서 획득된 것은 무엇이든 다른 체계의 상실을 대가로 치른 체계라고 인식했음을 의미한다. 하나의 과정으로 본 전체로서의 체계는 이같이 기계론적으로 인식한 것이었으며, 부분과의 관계는 기계론적이고 인과적인 조건에서 인식한 것이었다.

만약 토크빌이 관념론적(또는 유기체론적) 사상가였다면, 그는 이 에너지의 교환을 통해서 보편적인 인간 의식의 명백한 성장, 과거의 모든 사상과 표현, 헤겔과 특히 그 문제에 대한 랑케의 방법에 나타난 것까지도 극복함으로써 더욱 정교해진 당시의 사상과 표현을 통해서 받아들여진 성장을 파악할 수 있었을 것이다. 그러나 토크빌이 역사 과정에서 인식한 성장은, 귀족주의의 쇠퇴와 민주주의의 발흥에서 획득한 요소의 힘, 즉 집권화한 국가의 힘이나 대중의 힘과 같은 사회적 요소를 의식하는 과정에서는 발견되지 않는다. 그의 견해에 따르면, 이 두 요소는 그가 인식한 문명이나 문화뿐 아니라 인간성 자체에도 중대한 위협을 가하는 방법으로 결집 · 결합되는 것이다. 더구나 이 요소들의 성장이 그에게는 우발적이거나 인과적인 과정이 아니라 귀중한 인간의 자질, 지적 · 도덕적 · 정서적 자질의 영원한 타락으로 보였다.

전체 과정은 **비극적 드라마**의 필연성을 지니고 있으며, 역사와 역사 지식에 대한 토크빌의 초기 성찰은 분명히 당대의 지평에 나타난 공격적인 새 요소와, 그에 상응하는 요소에 의해 위협받게 된 낡고 쇠퇴하는 문화적 이념 간의 중재자로서의 역사가의 임무를 발견하는 것이었다. 토크빌은 단절된 세계에서 살았다. 완전히 고쳐지지는 않는다 하더라도, 낡은 체제가 지불한 지대(地代)와 눈물은 보상받을 수 있는 것이므로, 그의 목적은 기껏해야 낡은 체제를 개선하는 데 있었다.

토크빌은 서구 문명의 전 역사를 거시적인 성찰의 맥락에서 파악했으며, 전체 속에 포함된 상대적으로 순수한 형태의 가능성을 보여 주는 예로서, 그리고 **미래의** 세대에

나 가능한 예로서 유럽적이며 아메리카적인 변종의 분석에 착수했다. 결과적으로 그가 두 가지 형태의 역사를 조망한 관점과 역사를 설명한 논조는 아주 다르다. 미국의 민주주의를 조망하기 위해서 설정한 그의 관점은, 그러한 사회형태를 형성한 행위자와 동인보다도 **우위에** 있는 관찰자의 관점이다. 토크빌이 유럽 사회가 자체 내에 가능성으로서 포함하고 있는 위력과 약점에 유의하도록 유럽 독자들에게 경고하는 데 관심을 갖고 서술했기 때문에, 적어도《미국의 민주주의》제1권에 나타난 분위기는 완화된 아이러니의 형식을 취하고 있다. 반대로《구체제와 혁명》에 나타난 논조와 관점은《미국의 민주주의》제2권에 나타난 방향과는 다르다.《미국의 민주주의》제2권은 미국의 제도 · 관습 · 신앙을 더 예리하게 분석하고, 유럽의 문화생활에 내포된 구성 요소에 끊임없이 가해지는 위협을 더욱 직접적으로 비판하고 있다. 그 관점은 오히려 어떤 과정 속에 놓인 참여자의 관점이라고 할 수 있다. 그 참여자는, 과정의 일반적 흐름이나 경향을 예측하고 그 목적과 방향을 예상하며 그들이 살아가며 직면하는 위험을 경고하기 위해서 결연하게 과정 밖으로 빠져나가려고 노력해야만 하는 사람이다. 그 논조는 관점의 변화에 상응했다. 그 분위기는 훨씬 음울하다. 비극의 미토스는 표면에 드러나지 않은 이야기의 형식을 가리킨다. 비극의 언어는 《미국의 민주주의》 제2권에 나타난 바와 같이 두드러지게 환유적이지만, 설명 과정에서 드러난 이미지는 훨씬 더 명확하고, 시간의 흐름과 발전에 대한 의식은 더욱 집요하게 추구되고 있다.

《미국의 민주주의》 제1권과 《구체제와 혁명》 사이에는 구조에 대한 고찰에서부터 과정에 대한 고찰로의 주요한 강조점의 이동이 있었을 뿐 아니라, 이 이행은 감정 지향의 비중을 더욱 공개적으로 후자의 저작에 나타난 설화적 설명의 단계로 옮기게 되었다. 종교개혁으로부터 1830년경에 이르는 유럽사의 과정은 분명히 첫 번째 저작을 통해서 이루어진 것으로, 미국의 민주주의 구조를 분석하기 위한 맥락에서 전개된 것이었다. 그 과정 **내에서** 미국의 민주주의는 오직 운동이나 성장만이 구조의 구성 요소와 그 관계 내에 있는 것처럼 설명되고 있다. 이에 반해서 《구체제와 혁명》에서는 과정과 구조 간의 구분은 거의 소멸되고 없다. 그 결과는 보다 문학적으로 나타나고, 그에 상응해 이데올로기적 정서도 문학적인 색채를 띠게 되었다. 그러나 이 두 저작이 지닌 의미는 정체 · 한계 · 좌절 · 억압 · 비인간화 등의 독특한 이미지에 집중되고 있다. 토크빌의 모든 저작의 배면에 깔린 지배적인 충동은 어디서나 아이러니한 **미토스**를 자극하는 수수께끼와도 같은 패배와 절망의 시각으로 나타났다. 역사에 관해서 서술한 모든 것이 그를 급진적인 반항이나 반동적인 허무주의로 몰아넣었을 때, 토크빌은 하나의 의도적인 행동, 즉 그를 끝까지 자유주의자로 주장하게 한 행동에 의해서만 절망으로부터 벗어날 수가 있었다.

반변증법

랑케의 경우와는 달리, 토크빌의 저작에는 역사의 장에 나타난 변증법적 변화에 대한 의식이 거의 없다. 두드러진 의식은 높은 곳으로부터의 끝없는 전락과 주어진 가능성을 발전시키지 못했다는 사실에 대한 의식이다. 실제로 랑케가 자신의 시대에 이룩한 사회적 화해의 필수 조건으로 간주한 역사적 요소에 대한 이원론을, 토크빌은 문명 자체에 가해지는 중대한 위협으로 파악했다. 사실 토크빌의 모든 역사적 업적은 그가 고찰한 바와 같이, 화해할 수 없는 요소들의 대립으로부터 빠져나갈 아무런 대안도 없게 만든 것은 무엇인가라는 문제를 풀려는 노력의 산물이었다.

역사 과정을 설명한 그러한 이원론은 인간성 그 자체에 대한 토크빌의 개념 속에도 반영(또는 투사)되었다.

1836년에 그는 한 친구에게 다음과 같이 썼다.

> 우리는 무엇이든지 할 수 있으나, 인간이 영혼과 더불어 육체를 가진 존재라는 사실만은 부인할 수가 없을 것이다. (…) 그대는 동물적 본능이 대부분의 사람들에게와 마찬가지로 나에게도 존재한다는 사실을 알고 있을 것이다. (그러나) 나는 천사를 흠모하지만 천사가 그 어떤 사물에 대해서도 지배권을 행사하게 되리라고는 생각하지 않는다. 그러므로 나는 로마의 황제 엘라가발루스나 로마의 히에로니무스의 제자가 되지 않고서도, 인간이 취할 수 있는 중간노선을 계속 발견하려고 할 것이다. 왜냐하면 나는, 대다수 사람들이 위에 든 두 사람을 본받으라든지 성자가 황제보다도 열등한 존재라든지 하는 주장에 설득되지는 않으리라고 생각하기 때문이다.
>
> [《회고록》 I, p.318]

그와 같은 이원론은 토크빌의 정치학에도 적용되었으며, 위에서 기술한 바와 같이 '중간노선'을 탐구하는 문제로 귀결되었다. 그의 정치적 입장에 대해서 그는 다음과 같이 말했다.

그들은 내가 귀족주의적 편견이나 민주주의적 편견의 어느 하나를 지니고 있다고 생각한다. (…) 그러나 우연한 일이지만, 나의 출생이 나로 하여금 이 두 편견을 쉽게 경계하도록 작용했다. (…) 내가 세상에 태어났을 때 귀족정치는 이미 사멸해 버렸으며, 민주정치는 아직 태어나지도 않았다. 따라서 나의 본능은 그 가운데서 어느 하나를 맹목적으로 받아들일 수 없게 만들었다 (…) 이 두 체제 중에서 어느 하나를 지향하는 어떠한 자연적이며 본능적인 매력조차 느끼지 못한 채 과거와 미래 사이에 내던져져 버렸기 때문에, 나는 그 문제를 양편에 서서 침착하게 관망하려는 노력조차 할 수가 없었다.

[《회고록》 II, p.91]

토크빌은 그의 시대가 사회체제와 문화적 이상이라는 **양자택일의** 선택을 강요하는 데 따른 무력감으로부터 고통 받고 있다는 신념에서는 마키아벨리와 유사했다. 나폴레옹의 몰락 이후, 유럽은 낡은 귀족주의 체제와 새로운 민주주의 체제 사이에 놓이게 되었다고 그는 생각했다. 그것은 전자를 버릴 수도 없고, 그렇다고 해서 후자를 완전히 받아들일 수도 없으며, 양자를 포기해도 고통스럽고 또 이 양자로부터 어떤 이익도 취할 수 없는 그러한 상황이었다. 토크빌이 관찰한 바에 따르면, 중요한 문제는 두 체제가 가져다줄 이익과 손실의 비중을 측정하고, 미래에 입각해 체제를 전망하며, 어떤 의미에서는 인간의 자유와 창의력의 기반을 가장 잘 다지는 데 불가결한 것으로 보이는 것이면 무엇이든지 받아들이도록 하는 데 있었다. 이것을 심리하는 분야는 역사 분야여야 했지만, 어떠한 인습적인 역사적 고찰도 그 시대의 욕구에 충분히 기여할 수 없었다. 그 시대는 **본질적으로** '귀족주의적'이거나 '민주주의적'인 것이 아니라, 두 체제를 객관적으로 판단하고 미래를 위해서 유익한 것이면 무엇이든 이용할 수 있는 역사적 시각을 요구하고 있었다.

마찬가지로 당시의 문화도 낡은 귀족의 시대가 지니고 있던 **관념론**과 새로운 민주주의 시대의 **유물론** 사이에서 방황하고 있었다고 그는 생각했다. 계몽주의는 귀족적인 이상주의를 비판하고 사람들의 이목을 타당한 연구 대상으로서의 '현실적이며 가시적인 세계'에 집중시켰다. 처음에는 사상과 예술도 전적으로 물질적인 세계, '인간 밖의 세계'에 집중되었다. 그러나 자연에 대한 이 환상은 당시에 가능한 유일의 관심사도 아니었고, 실제로 자연에 적합한 것도 아니었다. 그것은 오직 과도기에 속한 것이었다고 토크빌은 말했다. 그는 《미국의 민주주의》에서, 다가올 시대의 사상이나 상상력은 오직 인간에게만, 특히 인류의 미래에만 적합한 것이라고 예언했다.

과거를 우상화하려 한 귀족주의 사회와는 달리, 민주주의 사회는 "미래의 시각을 동반하게 될 것이다. 이 방향에서 민주주의의 무한한 상상력이 발전하고, 측정할 수 없을 만큼 신장될 것이다". 이같이 민주주의 문화가 지닌 유물론적 · 공리주의적 성격이 불가피하게 인간의 탈정신화를 촉진했음에도 불구하고, 동시에 그것은 최소한으로나마 미래에 대한 희망을 불어넣어 주었다. 예를 들면, "민주주의 신봉자들 속에서 시는 전설이나 낡은 전통의 기념물과 마찬가지로 발전하지 못한다. 인민 때문에 시인은 삼라만상을 독자나 시인의 환상 속에서조차 믿지 못하는 초자연적 존재로 다루지는 않을 것이며, 그 속성에 비추어 악덕과 미덕을 냉정하게 인격화하지도 못할 것이다". 열정적인 귀족적 상상력이 제시한 시의 광범한 주제는 갑자기 축소되고 상상력은 제구실을 못하고 움츠러들며, 시인은 인간성 속에서 유일하고도 타당한 대상을 찾게 된다. "이 모든 사실이 시인을 실망시키지만, **인간**만은 여전히 변하지 않고 남아 있게 되고, 시인은 더 이상 필요치 않게 된다."

만약 인간 자신이 모든 사상과 예술의 목적이나 수단이 되어 버린다면, 관념론적이거나 유물론적이 아닌, 오히려 양자의 결합임과 동시에 영웅적이며 사실주의적인 새로운 문화의 시각을 창조할 수 있다고 토크빌은 믿고 있었다. 그리하여 그는 다음과 같이 썼다.

> 곧바로 연민 · 찬양 · 공포 · 경멸 등을 자극할 수도 있는 것이지만, 대조적인 것, 무한히 크고 왜소한 것, 짙은 그늘과 눈부시게 밝은 빛으로 짜인 놀랄 만한 대상들을 찾기 위해서 땅과 하늘을 헤매고 다닐 필요는 없다. 나는 나 자신만을 성찰하고자 한다. 인간은 무에서 탄생해 시간 속을 헤매다가 신의 가슴에 안겨 영원히 소멸해 버린다. 인간은 두 심연의 가장자리를 방황하면서 잠시 나타났다가 거기에서 죽는다.
>
> [《회고록》 II, p.80]

'두 심연의 가장자리에' 있는 이 존재가 인간의 독특한 고통과 절망에 대한 의식을 심어 주지만, 또한 독특한 인간의 열망, 배우고 창조하려는 충동을 낳기도 한다.

인간이 전적으로 자신에 대해서 무지했다면, 결코 자신 속에서 어떤 시도 발견하지 못했을 것이다. 왜냐하면 정신이 인식하지 못한 것을 설명하기란 불가능하기 때문이다. 만약 인간이 인간의 본질을 명확하게 파악했다면, 인간의 상상력은 쓸모없어지고, 인간의 상(像)에 아무것도 더할 것이 없어질 것이다. 그러나 인간의 본질은 인간의 어떤 면만을 지각하도록 개방되어 있을 뿐, 나머지 모든 부분은 짙은 어둠 속에 묻혀 밝혀지지 않은 채 남아 있으며, 그 어둠 속에서 인간은 영원히 암중모색할 것이고, 인간 존재의 개념 파악이란 것도 완전히 헛된 일이 될 것이다.

[《회고록》 II, p.80]

토크빌은 절망과 인간의 의식에 생기를 불어넣는 열망을 간직하고 인간의 정신이 미래를 지향하도록 하면서도, 동시에 보다 나은 인간적인 미래가 혹심한 고통을 이겨 내고 가장 힘든 노력을 통해서만 열릴 수 있음을 인간에게 상기시키는 것이 필요하다고 느끼고 있었다. 그러므로 다가올 시대를 위해서 그는 귀족주의 시대의 **서사시** 형식으로부터 과도기의 **서정시** 형식을 거쳐, 인간 조건에 대한 새로운 비극적 지각에 이르는 예술을 마음속에 그리고 있었다. 또한 그는 낡은 **관념론**으로부터 과도기의 **유물론**을 거쳐, 새롭고 보다 현실적인 **인문주의**에 이르는 철학을 추구했다. 이 새로운 인간관에 적합한 사회체제는 전적으로 귀족주의적이거나 민주주의적인 것이 아니라, 두 가지 요소, 즉 민주주의 원리에 부합되는 인류 평등의 유물론적 · 공리주의적 원리와, 귀족주의 원리에 부합되는 개인주의적 · 이상주의적 · 영웅적 원리의 결합체였다. 역사가의 임무는 귀족정치와 민주정치의 원리가 유럽 문명에 내재한 독특한 충동, 다시 말하면 서구 문명이 발생한 후부터 서구 문명의 본질인 자유에의 욕구에 어떻게 작용했는가를 보여 줌으로써 새로운 사회체제의 창조에 이바지하는 데 있었다.

나는 이 같은 관점에서, 역사가의 중재 역할에 대한 토크빌의 관념이, 그를 계승한 역사적 성찰의 과정에서 점차 빠져들게 된 아이러니한 정신 구조를 예견했음을 강조하고자 한다. 역사가로서의 삶을 시작하면서부터 그는 비극적인 역사관, 즉 운명과의 투쟁 속에 나타난 인간성을 지배하는 법칙이나 대체로 사회과정을 전반적으로 지배하는 법칙에 대한 지각을 전제로 한 비극적 역사관을 추구하고 있었다. 실제로 이 법칙들이 역사적 고찰에 의해서 발견될 수 있다면, 대체로 이 법칙들은 최소한의 고통과 수난을 수반하는 인간의 발전에 불가결한 상황, 투키디데스가 유명한 《펠로폰네소스 전쟁사》의 서두에서 시사한 바와 같은 상황과 환경을 조성하려는 노력에 적용되었어야 할 것이다. 그러나 역사 과정에 나타난 그러한 법칙의 발견 가능성을 확대해야 한다는 낙관론은, 법칙들이 적용되어야 할 대상인 인간성의 개념 때문에 제약을 받는다. 예를 들면, 인간이 가장 합리적으로 행동해서 얻을 수 있는 이익을 저지하는 비합리적인 요소의 출현으로 인해 결정적으로 손실을 보았다고 생각한다면, 사회적 요소로서의 인간을 지배하는 법칙을 발견하는 것은 본질적인 자유가 아니라 숙명적인 결정소에 의해 이루어지는 것으로 보일 것이다. 근본적으로 토크빌에게 역사 법칙을 탐구하도록 자극하는 급진적인 이데올로기의 입장을 지향하지 못하게 한 것은, 바로 숙명적으로 손상된 인간의 본질, 자율적이라기보다는 어떤 면에서는 언제나 타율적인 인간성에 대한 이 관념이다.

사실의 관점에서 보면, 토크빌은 법칙론적인 그의 역사 개념이 지니고 있는 **급진적**인 의미를 억제하고, 점차 법칙에 대한 탐구로부터 유형론을 구성하는 쪽으로 관심의 방향을 옮겼다. 이 이행은 인식론적 수준에서 함축적이기는 하지만 비극적인 플롯 구성으로부터 차츰 풍자적인 플롯 구성으로 옮겨 간 유사한 흐름에 의해서 미학적인 수준에도 반영되었다. 후기 사상에서 토크빌은 어느 정도까지는 지상에서의 **왕국**을 건설하기 위해서 노력하면서도, 그 왕국을 건설하는 것이 영원히 불가능하다는 사실을 토대로 노력하지 않으면 안 되는 상황 때문에 인간이 **제약**받고 있다는 사실을 고찰하려고 했다. 그리고 이 아이러니한 지각이 점차 표면화됨으로써, 관념론자로서의 그의 본질적인 자유주의가 제약받게 되었다.

토크빌의 충성은－오랫동안 변하지 않고 남아 있었던－귀족주의적인 충성이었으며, 그것이 이 관점에서 그를 고찰한 사람들이 그에게 본질적으로 보수주의자라는 '공식적인 칭호'를 부여한 사실을 정당화한 근거가 되었다. 그렇지만 토크빌은 액면 그대로의 전형적인 보수주의자는 아니었다. 어떤 의미에서는 그의 시대에 대해서 품고 있던 그의 불만이 반동적인 고비노 백작의 불만과 유사하다는 사실을, 나는 간략하게나마 고찰하려고 한다. 그러나 고비노와는 달리, 토크빌은 귀족 문화의 미덕에 대한 그의 존경심이 고무한 것, 즉 자신의 시대가 과거의 이상적인 시대로부터의 '절대적인 쇠퇴'를 의미한다는 신념을 주장하려는 유혹에 빠지지 않았다. 후의 크로체(B. Croce)처럼, 토크빌은 과거의 모든 이상적인 사회 현실의 결함을, 이상이 소멸되고 보다 왕성한 역사적 삶의 형식인 또 다른 이상에 의해서 보완되어야 한다고 강요하는 관점에서 찾았다. 이것은 그가 최후의 분석을 통해서 귀족정치와 민주정치를 **아이러니하게** 파악해야 했음을 의미한다. 그러나 그조차도 자신의 아이러니한 의식이 지니고 있는 의미를 **공개적으로** 주장하려고는 하지 않았다. 유럽사의 과정을 비극적인 드라마로 구성하면서도 법칙론적 역사 개념이 요구하는 급진적인 결론을 끌어내지 않으려는 의도를 전제로 한 비극적인 역사관을 그도 형식적으로는 여전히 고수하고 있었으나, 역사 법칙을 밝히지 않으려는 의도에서 그러한 관점을 묵시적으로 부정했다.

두 가지 형식의 시와 역사

토크빌이 사회과정의 법칙—마르크스식 표현—을 수용할 수 있는 역사를 생각하고 있었다는 것은, 《미국의 민주주의》에서 밝힌 바와 같은 역사와 시의 관계에 관한 논쟁이나 그 책 제2권에서 밝힌 역사의식의 형태에 대한 그의 개념에 나타나 있다.

그가 지적한 바와 같이, 시가 '관념의 탐구와 묘사'인 데 반해, 역사는 현세의 인간사에 관한 진실을 이야기하고 관념을 실현하려는 기도에서 마주치게 되는 **현실적** 요소를 드러내고 미래 사회의 **현실적** 가능성을 그리지 않으면 안 된다. 그러나 귀족주의적이거나 민주주의적인 역사가는 역사 기록을 개관할 때 반드시 상이한 사실들을 찾아내고 고찰해야 하므로, 귀족주의적이거나 민주주의적인 역사 개념은 결코 사실에 대한 완전한 진실과 풍부한 시각을 제시할 수 없다고 토크빌은 주장했다. 그는 다음과 같이 예를 들었다.

> 귀족주의 시대의 역사가가 세계의 무대를 개관할 때, 그는 전체 각본을 꾸려 나가는 극소수의 탁월한 출연자들을 발견하게 된다. 무대 전면에 등장하는 이 위대한 등장인물들은 자신들에게 주의를 집중시키고 고정시킨다. 역사가가 이 인물들로 하여금 말하고 행동하게 하는 숨은 모티프를 통찰하는 데 몰두하고 있는 동안에, 다른 인물들은 역사의 기억에서 사라져 버린다.
>
> [《미국의 민주주의》 II, p.90]

귀족주의적인 역사가들은 모든 사건을 특정한 개인의

독특한 의지나 성격과 관련지어 보려는 경향이 있다. 더구나 그들은 가장 중요한 혁명조차 사소한 우연적인 사건으로 취급하려 한다. 그 결과는 흔히 가장 사소한 원인은 현명하게 규정하면서도 가장 중요한 원인을 지각하지 못하는 사실로 나타난다. 그것은 민주주의적 역사가들과는 매우 다른 결과다. 실제로 민주주의적 역사가들은 '상반되는 특징을 정확하게' 파악하고 있다. 그들은 개인이 종족의 운명에 대해서, 그리고 시민이 인민의 숙명에 대해서 거의 아무런 영향도 미치지 못한다고 생각하는 경향이 있다. 그러나 한편으로 그들은 보편적인 원인들을 사소한 사건들과 관련지으려 한다. 시인보다는 덜 관념화되었지만, 귀족주의적 역사가는 여전히 어느 정도까지는 개인이 자신의 운명을 다스리는 것으로 서술하는 데 뛰어난 재능을 발휘하고 있다. 그는 보편적인 원인이 개인에게 미치는 힘이나, 그것들이 어떻게 개인을 좌절시키며 일반 의지에 굴복시키는가 하는 문제에 대해서는 무감각하다. 반대로 민주주의적인 역사가는 역사 무대에서 발견하는 많은 사소한 사건들 속에서 큰 의미를 찾으려고 한다. 그는 모든 사건을 결코 개인이 아니라 오직 위대하고도 추상적이며 보편적인 요소에 연관시키려는 충동에 사로잡혀 있다. 따라서 그는 역사를, 미래를 다스리지 못하는 인간의 무력감을 드러낸 음울한 이야기로 보고 사물은 저절로 운영되어 간다는 음울한 냉소와 근거 없는 희망을 고취한다.

이 두 역사 개념을 나는 형식주의적 개념과 기계론적 개념이라고 부르고자 하며, 은유적이며 환유적인 두 가지 형식으로 나타나는 의식의 작용으로 보고자 한다. 토크빌은 '아이러니하게도' 이 두 가지 형태의 역사의식을 분리한 다음, 그가 인식한 바와 같이, 그 어느 것도 역사 발전의 사실이나 어떤 상태와 상황으로부터 그것과는 **다른 상태**로 옮겨 가는 과정으로 설명할 수는 없다고 (정확하게) 지적하고 있다. 귀족주의적인 것으로 낙인이 찍힌 방법은, 역사의 장에서 오직 운동 · 색조 · 격동**만을** 보기 때문에, 지속성과 연속성을 믿을 수가 없다. 이와는 달리, 민주주의적인 것으로 낙인이 찍힌 방법은, **동일한 사실**을 명백한 모든 운동과 변화의 **배경**에서 보기 때문에, 어떤 본질적인 발전도 전혀 지각할 수가 없다.

토크빌이 이 대립적이며 부적절한 역사의식의 형태에 대해서 하나의 대안으로 제시한 것은, 제3의 형식이 아니라 오히려 귀족주의 형식과 민주주의 형식의 **결합체**였다. 두 가지 형식은 어떤 의미에서는 각기 타당한 면을 지니고 있지만, 그것은 각기 특수한 **형태**의 사회를 분석하기 위해서 구성되어야 한다고 그는 시사했다. 특정한 사회나 당시의 사회구조, 혹은 분석하고자 하는 문화를 고찰하는 데 이용하는 역사의식의 형태 사이에는 일종의 선별적인 유사성이 있다. 실제로 토크빌은 역사 과정의 진행에는 두 가지 인과의 질서가 있는데, 하나는 귀족주의적인 질서에 적합한 것이며 다른 하나는 민주주의 사회에 적합한 것이라고 말했다. 그리하여 그는 다음과 같이 썼다.

> 현세의 대부분의 사건을 바로 보편적인 사실에 기인한 것으로 보거나 특수한 영향에 기인한 것으로 보는 입장이 언제나 가능하다는 것이 나의 견해다. 이 두 가지 형태의 원인은 언제나 작용한다. 변하는 것은 오직 원인의 비중뿐이다. 보편적 사실은 귀족시대에서보다는 민주주의 시대에서 더 많은 사실들을 설명하는 데 기여하기 때문에, 개인의 영향이 미치는 사건은 그만큼 줄어들게 된다. 그러나 귀족정치 시대에는 반대의 현상이 발생한다. 즉 어떤 개인이 다른 모든 사람의 자연적 성향을 좌절시키는 불평등한 상태를 보편적인 원인으로 보지만 않는다면, 특수한 영향이 증대되고 보편적 원인이 감소되는 현상이 발생한다는 것이다.
>
> [《미국의 민주주의》 II, p.91]

이것은 토크빌이 패권을 다투는 역사 과정에 대한 개인주의적 개념과 결정론적 개념, 혼돈의 개념과 섭리의 개념 가운데서 어느 하나를 선택할 필요가 없다고 생각했음을 시사한 것이다. 그것은 고찰 대상이 된 사회에서 작용하는 지배적인 인과 원리를 발견한다는 문제에 지나지 않았다. 이같이 "민주 사회에서 일어난 것을 서술하려는 역사가들은 (…) 대부분의 원인을 보편적인 원인에 돌리고 있다는 점에서, 그리고 보편적인 원인들을 발견하는 데 관심을 기울이고 있다는 점에서 정당하다. 그렇지만 그들이 특수한 원인을 고찰할 수도 없고 그것에 따를 수도 없기 때문에 개인의 특수한 영향을 부정하는 것은 옳지 않다".

그러나 이 설명 원리를 역사 연구에 적용하는 데서 발생하는 문제는, 실제로 문제가 되는 것이 무엇인가에 대한 해답의 성격을 띠게 된다. 내가 귀족 사회의 몰락을 설명하고자 한다면, 역사적 현실의 진정한 성격에 대한 자신의 개념을 분석하고자 하는 현상에 주로 적용해 이해하려 해서는 안 될 것이다. 이것은 특정 사회의 지배 계층이 지니고 있는 이데올로기의 발전적인 효용성을 액면 그대로 받아들인 셈이 된다. 결국 토크빌의 문제는, **왜** 지배계급이 교체되었는가를 교체된 계급에서 설명한 것, 다시 말하면 귀족계급의 대변자가 귀족주의적 성격에 의해서 '자연스럽게' 드러난 역사의식의 형태를 귀족계급에게 적용하더라도 만족스런 해답을 얻을 수 없었다는 점에 있다는 것이다.

그러므로 그것은 근대 '민주주의'의 출현이라는 문제와도 연관되었다. 비록 토크빌의 의도가—민주주의자에게든 귀족주의자에게든—이 새로운 사회형태의 진정한 성격을 밝히고, 혁명 후 민주주의의 승리와 **이미** 민주화된 사회에 적합한 형태의 역사의식에 대한 갈망을 설명하는 데 있었다 하더라도, 혁명을 확실한 재난으로 간주한 의식에 젖은 귀족정치의 구성원들에게는 분석하고자 하는 그 사회와 의식 형태가 적절한 **설명**의 대상이 될 수 없었다.

토크빌이 추구했던 것은, 어떤 사회체제가 부여한 지각력을, 다른 사회체제에 대한 충성심이 낳은 시각에서 세계 과정을 고찰하려는 경향이 있는 사람들이 이해할 수 있는 조건으로 **전환하는** 방법이었다. 이것은 그의 임무가 일종의 '사실주의'에 대한 요구를 수용할 수 있다는 의미에서 **은유적**이며 **환유적**인 두 형태의 의식을 중재하는 데 있음을 의미했다. 토크빌 자신의 지적 경향을 두고 볼 때, 이 중재를 초래한 근거는 아이러니였다. 그러나 그는 **도덕적** 동기 때문에 **곧바로** 아이러니한 역사 개념이라는 가정으로 돌아가지 못했다. 그 개념이 제유적 의식을 인정했음에도 불구하고, 그도 추상적으로 가정한 조화로운 사회 요소를 내포한 세계에서 살지 않았으므로, 희극적인 역사 개념을 결코 인정할 수가 없었다. 희극적 시각은 그에게는 이미 가능한 선택으로 보이지 않았으며, 피히테나 헤겔에 대한 논평에서 시사한 바와 같이, 자신의 시대처럼 혼란한 시대에 그러한 역사 개념을 받아들이는 것은 부도덕한 것이기도 했다.

그러나 이것은 '민주주의적' 역사 개념이나 그 개념이 지니고 있는 환유적 의식에 대해서도 마찬가지로 진실이었다. 형식적으로나마 토크빌이 당시의 특수한 형식을 설명할 수 있는 원인 탐구에 몰두했음에도 불구하고, 그는 그 두 가지 개념에 한정된 **보편적** 원인의 탐구를 일종의 연구 프로그램으로 받아들이고, 그것을 일방적으로 추구한 사람들에게 미치는 영향이라는 면에서는 도덕적인 타락으로 이해했다. 그리하여 그는 다음과 같이 지적했다.

> 개인의 행동이 국가에 미치는 흔적마저 소멸되어 버리면, 때로는 뚜렷한 추진력도 없이 세계가 운행되고 있는 것처럼 보이는 현상이 일어난다. 사회 각 구성원의 의지와는 상관없이 작용하고 있기 때문에

결국 전체 대중의 운동을 발생시키는 이유를 밝히고 분석하는 것이 지극히 어려워짐에 따라, 사람들은 이 운동이 타의적이며, 사회가 무의식적으로 그들을 지배하는 우세한 힘에 굴복한다고 믿게 된다. 그러나 모든 개인의 개별 의지를 지배한다는 이 보편적인 사실이 현세에서 발견된다고 가정할 때, 인간의 자유의지의 원리는 모호해져 버린다. 수백만의 인간에게 곧바로 영향을 미칠 만큼 광범하고, 또 그들을 같은 방향으로 결집할 만큼 충분히 강한 어떤 원인이 존재한다는 사실을 부정할 수는 없을 것 같다. 인류가 그 원인에 굴복한다고 보이기 때문에, 정신이란 인간이 저항할 수 없는 추론과 같은 것이 되고 만다.

[《미국의 민주주의》 II, p.92]

당시의 사학 사상은 "소수가 인민의 운명에 가하는 어떤 힘"도 갖지 못했으며, 인민 자신조차 "그들의 조건을 바꿀 어떤 힘"을 지니지 못한 역사를 서술하는 경우에만 성공했다고 토크빌은 (부당하게) 믿고 있었다. 역사가는 어디서나 역사란 '불변의 섭리'나 '맹목적인 어떤 욕구'에 지배되었다고 쉽게 믿어 버렸다. 토크빌은 이 이론이 역사가를 통해서 독자들에게까지 전달될 때, 그것이 사회 대중에게 나쁜 영향을 미치고 심지어는 근대 사회의 동력을 마비시킬 수도 있다는 사실을 두려워했다.

그러므로 토크빌의 목적은 역사에서의 '보편적 원인'의 작용을 믿는 데 있었으나, 그것은 어디까지나 한편으로는 특수한 사회형태의 원인에, 다른 한편으로는 특정한 시간과 공간에 대한 원인의 효용성에 한정된 것이었다. 당시 아메리카에서 형성된 바와 같은 민주 사회에서 보편적 원인을 탐구하는 것은, 그 사회 자체가 바로 그러한 보편적 원인의 산물이었기 때문에 타당한 것이었다. 반대로 유럽에서 그와 같은 보편적 원인을 탐구하는 것은 유럽 사회—적어도 1830년대의 유럽 사회—가 민주주의 요소와 귀족주의 요소의 **합성체**였기 때문에 지적·도덕적으로 문제가 될 수 있는 것이었다. 토크빌에게 이것은, 보편과 특수라는 두 가지 형태의 법칙, 더 정확히는 보편적으로 문화적이며 개별적으로는 인간적인 두 가지 형태의 인과적 동인으로써 유럽의 사회 과정을 분석하는 것이 가능했음을 의미했다. 이 두 가지 형태의 인과적 동인, 다시 말하면 도덕적 권위라는 면에서 타당하며 역사 과정에서는 거의 자율적인 것으로 보이는 이 두 가지 동인 간의 갈등에 대한 의식이, 초기 토크빌의 역사적 성찰에 비극적 시각의 특성을 부여했다.

토크빌은 역사가의 임무를 본질적으로 아이스킬로스가 비극 시인의 임무로 간주한 것, 즉 치유적(therapeutic)인 임무와 유사한 것으로 보았다. 순수한 역사의식은 아직도 잔존해 있는 낡은 신에 대한 공포를 몰아내고 인간의 가장 고귀한 능력을 계발하는 데 적합한 제도와 법률을 제정함으로써 인간의 운명에 대해서 책임을 지도록 하는 데 도움이 될 것이다. 그렇지만 그러한 역사의식의 고취는, 특히 사회구조의 기초로서보다는 오히려 현실에 대한 가능한 전망으로서, 또는 '민주주의적'인 역사 개념의 도덕적 타락에 대한 하나의 해독제로서 귀족주의적인 관점이 가져올 구원을 요구하는 것이었다.

귀족주의적인 역사 개념, 즉 "운명의 지배자가 되고 신민을 지배하기 위해서 인간은 오직 인간 자신의 지배자가 되어야 한다"고 가르친 그 개념은, "인간은 자신이나 인간을 둘러싼 모든 것에 대해서 너무나 무력하다"고 이해한 민주주의적 개념과는 필연적으로 대립하게 되었다. 토크빌은 다음과 같이 물었다. "인간에게 오직 '다스리는 법'만을 가르친 귀족주의적 역사와 오직 '복종'에의 본능만을 고취한 민주주의적 역사를 결합하는 것이 가능한가?" 그는 새로운 형태의 역사를 통해서 이 두 역사 개념을 결합할 뿐 아니라, 이 양자를 극복해 새로운 역사를 시와 결합하고, 현실을 이상과, 진실을 미나 선과 결합하는 방법으로써 역사를 구성하는 것이 가능하다는 결론을 내렸다. 이것만이 "인간의 좌절을 막고", "인간의 능력을 고양"할 수 있다고 그는 말했다. 그리하여 토크빌은 "어떤 독특한 견해도 표명하지 않고 (…) 어떤 정당에 봉사하거나 공격하려는 의도도 전혀 내포하지 않은" 책으로서 《미국의 민주주의》를 제시했다. 그는 "다른 사람들과 다르게 보려고 하지 않고, 다만 더 멀리 보려고 했을 뿐이다"라고 말했다. 그는 역사에 새로운 차원을 첨가했다고 주장했다. 왜냐하면 다른 역사가들이 "오직 내일만을 위해 분주하게 활동한" 반면, 그는 그의 사상을 "전 미래"에 돌렸기 때문이다. 실제로 그는 **미래**를 **역사**로 취급하려고 했다.

자유주의의 가면

"오직 내일만을 위해서" 활동한 동시대의 역사가들이 지닌 관심과는 대조적으로 자신의 관심은 "전 미래"에 걸쳐 있었다고 한 토크빌의 말이, 얼핏 보면 잘못된 것이거나 적어도 터무니없는 과장에 불과한 것으로 보인다는 점은 마땅히 지적되어야 한다. 실제로는 골동품 수집적인 학자들의 전문화된 업적과는 다른 당시의 주요한 역사 서술의 대부분은, 현재를 설명하고 당시의 사회로 하여금 미래 지향적인 '사실주의' 운동을 펴도록 하기 위한 노력에서 출발했다. 그러나 눈앞에 놓인 미래의 역사와 '전 미래'를 표방한 역사 간의 구분이 바로 혁명 이후의 자유주의적 이데올로기를 형성한 토대의 하나다. 그것이 토크빌로 하여금 미래의 가능성에 대한 자신의 성찰이 과학적이며 객관적인 성격을 지닌다고 주장하도록 만들었다. 그러나 그 같은 객관적 성격은 그보다 사회적으로 더 깊이 관여한 유사한 인물들의 공리주의적이며 실용주의적인 관찰에 의해서 부정되었다. 밀(J. S. Mill)은 1836년에 《미국의 민주주의》에 대한 서평을 통해서, 토크빌에게 나타난—본질적으로는 반자유주의적 의미를 지닌—이 성향을 인정했다.

토크빌은 아무런 의심도 없이 과거와 현재에 알려진 어떤 것과도 다른 미래가 가능하다고 공언했다. 그것은 어떻게 그가 자신을 **보수주의자들**과 구분했는가라는 문제이기도 했다. 그는 가끔 구체제에 들어 있는 귀중한 요소를 건져 내려는 자신의 욕구만을 고찰한 보수주의적 비평가들과 어울리기도 했다. 그러나 미래가 **역사적**인 미래여야 하며, 과거나 현재와는 다르지만 과거나 현재와 더불어 이어져 나가야 한다는 것이 그를 자유주의적 전통에 확고하게 묶어 둔 신념이었다. 그는 미래가 취해야 할 정확한 형태를 예견하기를 거부하고, 과거에 대한 연구로부터 현재와 마주치는 **가능한** 미래의 모든 것을 묘사하고, 실제로 닥쳐올 **특정한** 미래를 결정하는 인간의 선택의 필요성을 강조하기 위해 다시 현재로 회귀하는 경향을 드러내 보임으로써 이 자유주의적인 전통에 참여했다. 토크빌은 현존하는 인간을 선택해야 할 상황에 놓고 그들이 선택할 수 있도록 북돋았고, 그들이 취하는 모든 선택에 수반될 난관을 알리기 위해 역사적 사고를 이용했다. 미래를 스스로 개척하는 인간 능력에 대한 찬양으로부터, 모든 행동에 수반되는 위험성과 고통을 상기시키고 다시 투쟁과 노력을 찬양하는 데로 되돌아간, 이 끊임없는 운동이 토크빌을 한 사람의 자유주의자이자 비극적인 '사실주의자'로 만들었다.

사회 조정의 역사

그리하여 토크빌은 양자택일의 사회 개념이나 과거와 현재뿐 아니라 현재와 미래까지도 조정하는 것을 그의 임무로 생각했다. 귀족정치와 민주정치라는 양극 사이에서 엘리트의 폭정으로부터 군중의 폭정에 이르기까지 고려해야 할 수많은 가능성들이 나타난다. 역사가의 임무는 어떻게 이러한 **가능성**이 미래의 **특정한** 대안으로 결정되었는가를 보여 주고, 역사적 존재로서의 비극적 성격을 표출함으로써 선택의 과정에서 직면하게 되는 냉엄함과 희망을 적절하게 융합하도록 하는 데 있었다. 토크빌은 어떤 형태로든 민주주의가 유럽에는 필연적이라는 사실을 조금도 의심하지 않았다. 다만 문제가 되는 것은, 인간이 **어떻게** 의문의 여지가 있는 민주주의의 미래에서 인간으로서의 존재를 형성해 갈 것인가 하는 것이었다. 그리하여 그는 1835년에《미국의 민주주의》에 대해서 논한 한 비평가에게, "(독자들로 하여금) 거역할 수 없는 미래로 관심을 돌리도록 노력했다. 그러므로 어느 부문의 충격이나 타자에 대한 저항을 좀 더 누그러뜨릴 수만 있다면, 사회는 평화롭게 그 운명을 실현해 나갈 수 있을 것이다. 이것이 바로 그 책의 지배적인 이념, 타인을 모두 포용하는 이념이다"라고 썼다. 이 '운명'은 귀족적인 것도 민주주의적인 것도 아니며, 낡은 체제가 지닌 정신의 독자성과 새로운 체제의 모든 권리에 대한 존경심을 간직한 두 체제의 결합으로 나타날 것이라고 그는 믿었다.

그러므로 이제 토크빌의 **충동**은 변증법적인 색채를 띠게 되었다. 안티테제의 요소를 종합할 수 있는 가능성에 대한 신념을 정당화하는 방법을 그는 역사에서 찾았다.

그러나 그가 이용한 분석 **방법**은, 어떤 종합의 가능성도 배제한 것이었다. 그는 순환적 · 이원론적 유형으로 구성된 유형론적 분석 방법을 제시했다. 그러므로 그의 분석이 완전하게 수행되면 될수록, 상충하는 요소들을 종합할 수 있는 어떤 가능성도 그만큼 멀어지게 되었다. 그는 역사를 환유적 조건에서 인식했으므로, 그의 사상은 필연적으로 사상이건 관습이건 간에 상상할 수 있는 모든 체계 내에서의 분석을 통해서 인식한 주요한 구성 요소들을 통합하는 것이 불가능하다고 지각하는 경향을 띠게 되었다.

가장 피상적인 방법으로 고찰하면, 토크빌의 《미국의 민주주의》는 하나의 역사 이야기로서는 적합하지 않다. 단순한 연대기적 구성이 전제 조건이 되고 있다. 미국의 민주주의에 대한 상세한 지식은 민주주의 사회의 현상을 설명하는 데 이용된 것으로, 분석하려는 근본 개념을 파악하는 데는 쓰이지 않고 있다. 미국의 민주주의 발전이나 진화는 기존의 사실로서 받아들여지고 있을 뿐이다. 그러므로 **진화**의 개념이 설명의 구성 원리를 형성하고 있지 않다. 초기의 정착기로부터 최초의 유럽 식민지 시대를 거쳐 잭슨(Jackson) 시대에 이르기까지 미국에서 일어난 모든 일은 단순히 민주주의 체제에 내재한 불변의 요소들의 정제(精製)나 그 표출에 지나지 않기 때문에, 그 과정의 종말-토크빌 자신의 시대-에 이르러 형성된 것은, 일종의 기형물이거나 그 체제에서 견제와 균형의 역할을 담당하는 모든 요소를 배제해 버린 단일 체제에 불과한 것으로 인식되었다.

토크빌은《미국의 민주주의》서론에서 "갖가지 장애에도 불구하고 수 세기 동안에 걸쳐 발전해 왔고 아직도 그 체제가 초래한 폐허 속에서 계속 발전하고 있는 위대한 민주주의 혁명을 성찰함으로써 느끼게 된, 일종의 종교적 외경의 영향을 받아" 그 책을 저술하게 되었다고 말했다. 민주주의의 성장은 "일종의 섭리적인 사실"로 나타났으며, "그것은 보편적이고 지속적이며 인간의 모든 간섭으로부터 영원히 벗어나는 것이며, 모든 인간과 사건이 그 과정에 기여해야 하는 것이다"라고 그는 말했다. 민주주의는 비극적인 운명의 본질 속에 존재하는 것이었다. 유럽 사회는 "그러한 혁명에 유익한 법률 · 관념 · 관습 · 도덕에 수반되는 변화도 겪지 않고" 민주주의 혁명이 초래한 최초의 충격을 이미 경험했다. 유럽은 새로운 사회로의 길을 닦았지만, 이제는 그 길에 들어서기를 주저하게 되었다. "우리는 귀족정치를 파괴해 버렸고, 자기도취에 젖어 그 폐허를 묘사하고 받아들이게 되었다."

토크빌이 지적한 바에 따르면, 인간이 초기의 혁명적

인 열정이 냉각된 후에 과거의 추억들을 이상화하려는 것은 자연스런 일이었다. "급류의 한가운데 떠 있는 우리는, 급류가 우리를 휩쓸고 또 우리를 심연 속에 빠뜨리는 동안에도, 우리가 떠나온 해안에, 아직도 어렴풋이 보이는 폐허에, 우리의 눈을 확실하게 고정하고 있다." 하지만 떠나온 해안으로 되돌아가는 것은 불가능했다. "우리가 갓 접어들기 시작한 시대에, 나는 자유를 귀족적인 특권 위에 올려놓으려는 사람들이나 특정 계급에서 권위를 끌어내거나 유지하려는 사람들은 실패하고 말 것이라고 설득당하고 있다." 그러므로 그 시대가 직면한 문제는 "어떻게 귀족 사회를 재건할 것인가"가 아니라, "어떻게 자유가 신이 우리에게 부여한 민주주의 사회로의 과정을 밟을 수 있게 하는가"라는 것이었다.

그렇지만 토크빌은 필연적으로 나타난 민주주의의 주창자는 아니었다. 그는 "평등의 원리"가 "인간의 독자성"에 위험이 된다고 믿었다. 실로 "이 위험성은 미래를 예비적으로 파악한 사람들이 예상조차 할 수 없을 만큼 무서운 것이었다". 그러나 이 위험성은 극복될 수 있다고 그는 기대했다. 민주 사회에서 인간은 "통제를 참지 못하며 자신들이 선택한 상황까지도 끝까지 참아내지 못한다". 그들은 권력을 선호하지만 권력을 휘두르는 사람들을 증오하는 경향이 있으며, 권력을 가진 자를 쉽게 이해하려고도 하지 않는다. 그러나 그는 근본적으로 이 위험성을 두려워할 필요가 없다고 믿으려 했다. 그는 다음과 같이 주장했다. "이 위험성은 언제나 나타나며 (…) 그것들은 **어떤 변화도 경험하지 않은** 사회의 배경에서 발원한 것이다. 오랫동안 그것들은 어떤 압제도 저지하고, 인류의 자유를 위한 후대의 투쟁에 신선한 무기로 제공될 것이다." 그러므로 현대에 일어나고 있는 사실을 적절한 역사적 전망을 통해서 고찰하는 것도 중요하지만, 다음과 같은 사실도 그에 못지않게 중요하다.

> 이제까지 존재한 적 없는 사회 상태에서 끌어낸 개념을 바탕으로 이제 겨우 생성되고 있는 사회를 판단하지 않는 것도 중요한 일이다. 이 사회 상태는 그 구조가 아주 다르기 때문에 타당하고도 적절한 대상과 대조될 수가 없다. 그러한 사회 조건은 사회 조건에 속하는 선과 악의 개념을 혼란에 빠뜨렸기 때문에, 조상들의 사회 조건에 뿌리를 둔 특정한 미덕을 우리와 같은 동시대인들에게 강요할 만한 근거는 있을 수 없다.
>
> [《회고록》 II, p.351]

새로운 세계가 개선되어 나갈 것인지, 아니면 과거보다도 더 나쁘게 전개되어 갈 것인지를 미리 결정하는 것은 불가능한 일이었다. 선악은 공존하는 것이었다. 이 새로운 시대의 인간과 낡은 시대의 인간은 "각기 독특한 장점과 결함, 유용성과 해악을 함께 지닌 뚜렷한 두 가지 형태의 인간 존재"였다. 당시에 토크빌은 "평등의 원리를 통해서는 그 원리가 초래한 무정부적인 경향 이외에 아무것도 인정할 수 없었던" 사람들에게 주목했다. 이들은 "자신들의 자유로운 기능을 두려워했으며, 심지어는 자신들까지도 두려워했다". 한편 다른 사람들은 그와는 다른 견해를 가지고 있었다. "평등의 원리에서 출발해 무정부 상태에 이르러 종결되는 길에서 벗어나서, 그들은 마침내 인간을 필연적으로 노예 상태로 이끄는 길을 발견했다. 그들은 벌써 이에 필요한 조건에 그들의 정신을 적응시켜 버렸다. 현존하는 자유에 절망한 그들은 조만간 나타날 지배자에게 그들의 영혼까지 바칠 준비가 되어 있다. 전자(새로운 시대의 인간)는 그것이 위험하다고 생각했기 때문에 자유를 포기하지만 후자(구시대의 인간)는 그것이 불가능하다고 생각했기 때문에 자유를 포기한다." 토크빌은 이 두 가지 대안을 모두 부정할 근거를 모색했다. 타당하고도 거시적인 하나의 역사적 시각은 평등의 원리를 소박하게 받아들인 신념이나 그것을 무분별하게 두려워하는 마음의 어리석음을 드러내 보일 것이다. 토크빌은 민중에게 미래를 내다보도록 권고하고, 자유를 경계하는 두려움을 가지되 영혼을 짓누르고 무력하게 만드는 몽롱하고도 무익한 두려움은 갖지 말도록 권고하면서 《미국의 민주주의》를 끝맺었다.

의미 있는 역사 과정의 '통사론'

토크빌은 "단순히 호기심을 충족시키기 위해서" 미국의 민주주의를 고찰한 것이 아니라, 첫째로는 "민주주의의 발전을 두려워하거나 환영해야 할 이유가 무엇인가를 알기 위한 민주주의 그 자체의 이미지, 민주주의 특유의 성향 · 성격 · 선입견을 파악하고", 둘째로는 "새로운 세계에 필요한 새로운 정치 과학"의 기초를 제시하기 위해서 그 연구에 착수했다고 말했다. 그의 진정한 주제는 자유의 이념, 시초부터 유럽의 문화생활에 활기를 불어넣고 독특한 방법으로 귀족정치와 민주정치에 기여한 그 이념에 있었다.

그러나 미국의 민주주의에 대한 토크빌의 개념은 기이한 것이었다. 그에게 미국의 민주주의는 유럽의 문명 구조에 내재한 불화와 분열, 그리고 16세기 봉건사회의 붕괴 이후 유럽에 존재한 일방적이며 극단적인 경향의 발전을 드러낸 것이었다. 미국은 **순수한 형태**의 민주주의의 한 전형을 제시해 주었다. 미국에서 "처음으로 (…) 이제까지 알려진 바도 없고 실천된 바도 없는 이론이 과거의 역사가 일찍이 마련하지 못한 하나의 스펙터클을 펼쳐 보였다". 미국의 거대한 자연의 부와 기존 사회체제의 부재가, 유럽에서는 이미 퇴조해 버린 사상과 행동의 전통으로 하여금 자유의 이념에 내재한 창조와 파괴의 모든 잠재력을 소생·발전시키고 또 드러내게 만들었다. 그리하여 미국은 "아직도 쇠퇴 일로에 있는 나머지 세계에서는 저지되고" 오직 유럽에서만 형성되기 시작한 사회체제를 충분히 발전시키는 데 필요한 일종의 온실로서의 환경을 제공해 주었다. 그러나 미국에서 형성된 것보다 더 나은 사회체제를 유럽에서 창조해 낼 가능성을 제시할 수 있었던 것은, 정확하게 말하면 낡은 사회의 이러한 역사적 잔재 때문이었다.

《미국의 민주주의》 제2권이 쓰인 당시까지만 해도 토크빌에게 미국 사회는 어떤 잠재적 운명의 결함을 드러내기 시작하는 것처럼 보였다. 이 결함 가운데서 가장 명백한 것은 **발전이 결여된 변화**의 경향이었다. 토크빌은 미국의 사회 · 문화에 나타난 음울한 정체와 혁신에 대한 저항, 그리고 **변화를 진보로 전환**하지 못하는 무력감을 발견했다. 이와 같이 미국의 인민은 동시대의 관찰자에게 2세기 전 그들이 유럽을 떠나 그 땅에 당도했을 때와 **본질적으로** 다를 바 없는 **동일한 상황**에 처해 있음을 고찰하도록 만들었다고 그는 말했다. 그는 또한 미국의 생활에 나타난 독특한 유물론에 실망했을 뿐 아니라, 평등의 이념이 상실되었음에도 불구하고 초기의 창조적인 단계에서 유럽의 귀족정치를 특징지은 사상과 행동의 건전한 독립성을 대신할 요소를 찾지 못한 데 따른 두려움을 토로했다.

유럽이 유사한 위험으로 잠재적 위협을 받고 있다는 생각은, 미국 민주주의에는 본질적으로 미국적인 것은 아무것도 없다는 토크빌의 주장을 통해 지적되었다. 미국의 생활에 나타난 모든 양상은 유럽에 그 기원을 두고 있다고 그는 주장했다. 그리하여 그는 "만약 우리가 미국의 역사를 살핀 뒤 미국의 사회 · 정치 상황을 주의 깊게 고찰한다면, 우리는 모든 의견, 관습, 법률이 미국인의 (유럽적인) 기원을 밝히고 있음을 기록으로 확인할 수 있을 것이다"라고 썼다. 또한 그는 대체로 미국 생활의 정적인 성격을 '민주주의 혁명'의 전통이 결여된 데서 찾았는데, 그 전통 때문에 기존의 유럽 사회체제는 주기적인 비판, 평가, 그리고 체제의 발전적인 전환을 가능하게 하는 충동에 적응해 갈 수 있었다.

실제로 미국의 생활을 유럽의 사회생활과 구분하는 기준은 바로 이 혁명적 전통의 결여에 있었다. 미국에서는 민주주의 이념이 단순히 **피동적으로 설정**되었으나, 유럽에서는 그 이념이 **귀족정치의 억압에 항거**하고, 귀족정치와 민주주의의 공동의 적인 **중앙집권적 국가에 대항해 설정**되지 않으면 안 되었다. 이러한 반항이 바로 귀족 문화의 어떤 단계에서 민주주의 이념을 포용하도록 만들었으며, 그 이념이 평등의 원리를 혁명적인 충동과 결합시키고, 미국의 민주주의에는 결여된 발전적인 변화의 잠재력을 유럽에 부여한 민주주의 혁명의 전통을 형성시켰다. 그러므로 미국사를 이해하는 데에는 다만 두 가지 요소(유익한 사회 이념과 미국을 발전시킨 자연환경)만을 고려해야 하지만, 유럽사를 이해하는 데에는 네 가지 요소를 고찰해야 한다. 이 네 요소란 바로 귀족주의의 사회 이념, 민주주의의 사회 이념, 중앙집권화한 국가, 혁명의 전통이다. 결론적으로 분석하면, 미국의 드라마가 오직 평등의 원리와 그 원리에서 발원한 감상적 원리만을 설정한 인간과 자연의 투쟁으로 나타난 데 반해, 유럽의 드라마는 본질적으로 상충하는 사회 이념과, 이 이념을 극복하고 대항하면서도 국가 이익을 위해 그 이념을 이용한 국가권력과, 다른 한편으로는 국가권력의 원리에 항거하고 주기적으로 자유의 이념에 기여하기 위해 국가권력을 해체한 혁명의 전통을 포용하는 사회 · 정치적인 드라마였다. 말하자면, 미국의 드라마와는 달리 유럽의 드라마는 실질적인 비극으로서의 구성 요소를 모두 지니고 있었다는 것이다.

미국사의 '의미론'

위에서 서술한 이 모든 사실은,《미국의 민주주의》 제2권의 앞부분에 속한 장들에 기술되어 있다. 여기에서 토크빌은 16세기의 종교개혁가들로 되돌아가서, 미국과 유럽의 민주주의 사상에 나타난 주요한 원리들을 추적했다. 그러나 유럽에서는—루터로부터 데카르트를 거쳐 볼테르에 이르는—자주적인 판단과 비판 정신이 연면히 발전해 온 데 반해, 미국에서는 이 정신이 상식의 수용이라는 형태로 타락해 버렸다고 그는 지적했다. 이와 같이 유럽에는 문화 · 정치 · 종교의 혁명적 전통을 육성하고 지원한 민주주의의 **철학적 전통**이 있었지만, 미국에는 그 전통이 전혀 없었으며 심지어는 철학에 대한 관심조차 없었다. 종교적 신념에서 출발한 미국 사회는 이 신념을 무비판적으로 받아들였으며, 또 종교적 신념에서 발원하고 그 신념과 연관된 수많은 도덕적 진리를 수용하지 않을 수 없었다. 반대로 유럽에서는 철학과 혁명의 발전이, 귀족계급과 중앙집권화한 국가에서의 평등의 원리에 저항함으로써 촉진되었다. 따라서 사변적인 자기비판의 전통과 혁명적인 **행동**에 의한 비판 정신은 확고하게 유지되었다. 그리고 이 전통이 새로운 사회를 창조할 가능성을 제공해 주었는데, 그 새로운 사회는 평등주의에 입각한 것이기는 했지만, 여전히 미국에는 결여된 사상과 행동에서의 개체성도 촉진했다.

그러므로 결국 미국은 유럽적인 자유의 전통을 **절반**밖에 발전시키지 못하는 기이한 현상을 드러냈다. 유럽 문명은 두 가지 사회 이념(귀족주의와 민주주의)과 두 가지 정치적 경향(국가의 중앙집권화와 혁명) 간의 갈등 속에서 발전했다. 반대로 미국 문명은 민주주의 이념에 대한 평형추로서 기여하는 귀족주의적인 사회 이념이나, 국가의 집권화에 대한 평형추로서 기여하는 혁명의 전통이 결여되어 있었다. 이같이 미국에서의 자유의 미래에 대한 중대한 위험은, 국가에 의한 중앙집권화의 원리를 다수의 폭정을 초래할 수도 있는 민주주의 사회 이념과 결합하는 데 있었다. 유럽에서는 귀족주의적인 자주성의 전통과 혁명의 전통이 민주주의 이념의 발전에 대한 견제력으로 작용했는데, 그 이념은 그러한 전통이 어떻게 적용되었는가에 따라 유해할 수도, 유익할 수도 있는 것이었다. 그리하여 토크빌은 유럽의 동시대인들에게 다음과 같은 사실을 지적했다. "현대 국가는 인간의 조건이 평등해져 가는 것을 막을 수 없음에도 불구하고, 여전히 평등의 원리가 인간을 예속이냐 자유냐, 지식이냐 야만이냐, 번영이냐 파멸이냐의 두 가지 가운데 어느 쪽으로 이끌 것인가에 자신들을 내맡기고 있다."

그런데 미국에 대한 토크빌의 성찰을 통해서 우리는 무조건적인 찬양과 무조건적인 비판으로 이해될 수 있는 것 이상의 의미를 거의 찾을 수가 없다. 미국에 대한 그의 태도는 극단적으로 아이러니한 것이었다. 그는 모든 면에서 미국을 내려다보고 심판했으며, 대체로 미국을 인류에게 유익한 그 어떤 것을 생산할 수 있으리라고 기대할 만한 근거가 거의 없는 조건과 과정의 복합체로 보았다. 토크빌은 미국사를 어떠한 로맨스적인 상승이나 고통을 감내하는 의식을 지닌 미국인의 비극적인 흥망의 과정으로 구성하지 않았다. **미국의 민주주의 형식**—말하자면, 폭정에의 충동에 저항하는 어떤 힘도 지니지 못한 형식—은 감상적인 문제로 다루어지고 있을 뿐이다.

토크빌은 국민들이 "과거의 사건이나 그들의 종족이나

조국의 토양과 기후에서 형성된 불가항력적이며 비합리적인 어떤 힘"에 전적으로 지배되지 않는다는 사실을 우리에게 분명히 상기시켰다. 토크빌은 "그릇되고 비겁한" 그 결정론적 원리를 수용한 신념을 통박했다. 그것은 오직 "연약한 인간과 비겁한 국민"을 양산해 낼 따름이다. 신이 인간을 완전히 자주적이며 자유로운 존재로 창조하지 않았지만, 모든 인간을 자신의 주인으로 만든 **자유의 영역**을 상정할 수는 있다. "인간이 극복할 수 없는 숙명적 순환이 모든 인간의 주변에 도사리고 있음"에도 불구하고, 역사가의 임무는 "그러한 순환의 가장자리에 있는 인간이 강력하고도 자유롭다"는 사실을 보여 주는 데 있었다. "그러한 영역은 인간에게는 물론 사회에도 존재한다." 그러나 토크빌은 미국의 장래나 민주주의의 장래가 누구에게나 큰 희망을 주리라는 근거를 거의 제시하지 않았는데, 이것은 어쩌면 민주주의의 장래가 19세기 후반 미국에 대한 그의 연구에서 관심사가 되지 못했음을 드러내는 것인지도 모른다. 밀은 이것을 토크빌의 사상에 내재한 민주주의에 대한 묵시적인 적의로 이해했다. 심오한 역사적 통찰과 사회학적인 관찰 때문에 그를 찬양했음에도 불구하고, 밀은 미국이나 유럽의 민주주의의 장래에 대해서 프랑스의 귀족주의자가 끌어낸 의미의 타당성을 부정했다.

유럽사의 드라마

토크빌은 유럽 문명의 드라마에 대해서, 자신이 귀족정치 제1막의 마지막 무대에 살고 있을 뿐 아니라 민주주의라는 제2막의 동트는 새벽의 한 장면을 미국에서 발견했다고 믿었다. 그의 목적은, 그러한 장면이 어떻게 유럽에서는 **비극적**이 아니라 **희극적**인 해결을 통해서 연출될 수 있었는가를 보여 주는 데 있었다. 미국의 민주주의에 대한 그의 연구는, 다가올 유럽의 시대에 대한 가설적 서술로서뿐 아니라, 유럽이 단일적인 민주주의의 운명으로부터 벗어나는 데 기여하려는 의도에서 이루어졌다.

당시에 그가 관찰한 바에 따르면, 유럽 문명은 단절되고 분열된 상황에 놓여 있었다. 한쪽에는 대서양적 · 아메리카적인 괴물이 있었고 다른 한쪽에는 유럽이 있었는데, 유럽은 대립된 이념들로 분열되고 그 사이에 끼여 선택할 수도 없었으며, 유럽 특유의 힘은 불확실하고 소생하려는 힘조차 지각할 수 없이 동요하고 있었을 뿐 아니라 우유부단하면서도 불확실한 것이었다. 미국 사회를 진단하고 머지않아 폭도들의 폭정으로 전락할 것임을 예측한 뒤, 토크빌은 유럽 사회에 대한 분석과, 천 년 동안 이어져 온 전통 가운데서 잔존하고 있는 것은 무엇이며 소멸된 것은 무엇인가에 대한 평가와, 유럽의 장래에 대한 전망의 설정에 관심을 돌렸다. 유럽 사회에 미친 혁명의 충격에 관한 일련의 계획적인 방대한 업적 가운데 최초의 저서에 해당하는《구체제와 혁명》은, 귀족주의의 문화 이념에 대한 일종의 해명서로 계획된 것이었다. 그 책의 전략은《미국의 민주주의》의 전략과 동일했으나, 전술 면에서는 다소 다른 점이 있었다. 미국의 민주주의에 대한 연구는, 한편으로는 민주주의에 대한 공포와, 다른 한편으로는 민주주의의 무분별한 열정에 대한 일종의 해독제로서 오를레앙파들이 지배한 프랑스라는 정적인 세계에 바쳐진 것이었다. 그것은 민주주의가 얼마나 유럽사에 적합한가를 보여 줌으로써 보수주의자들의 공포를 덜어 주고, **신세계**에서 발전한 순수한 민주주의에 내포되어 있는 결함을 드러내 보임으로써 급진주의자들의 열정을 냉각시키려는 의도에서 쓰인 것이었다.《구체제와 혁명》도 유사한 두 가지 목적을 가지고 있었다. 한편으로 그 책은 민주주의자들의 귀중한 혁명적 전통이 어떻게 귀족 사회의 창조물이 되었으며, 또 (아이러니하게도) 혁명이, 어떻게 그들이 전복하려 한 바로 그 사회체제의 산물이 되었는가를 보여 줌으로써 민주주의자들의 열정을 완화하려 했다. 그렇지만 다른 한편으로 그 책은 (아이러니하게도) 낡은 체제와 새로운 체제가 공존하는 구성 요소, 특히 혁명가들을 투쟁으로 이끈 자유의 원리를 위협하는 중앙집권화한 국가의 성장에 내재한 구성 요소를 강조했다. 그에게는 역사의 시계를 결코 과거로 되돌릴 수 없다는 신념이 지속되었으며, 시간을 되돌리려는 욕구가 마음속에서 일 때마다 그 욕구를 억제했다. 그러나 인간이 평등사상에 지불해야 하는 대가는 냉정하게 평가되었으며, 사회 발전 과정에서 그 평등사상이 초래한 문화의 손실은 그의 의식에 무거운 부담으로 남아 있었다.

자유주의적 관점과 보수주의적 논조

토크빌은 《구체제와 혁명》의 서론에서, 그 책의 목적은 "어떤 점에서 (현재의 사회체제가) 과거의 사회체제와 유사하고 다른가를 밝히는 데 있다"고 말했다. 다시 말하면 "그 거대한 격변으로 잃은 것은 무엇이며 얻은 것은 무엇인가를 밝히는 것"이 그 책의 의도였다는 것이다. 그리하여 그는 다음과 같이 지적했다.

> 내가 우리 조상들에게서, 국민에게 활기를 불어넣었지만 지금은 거의 소멸된 미덕 — 건전한 독립 정신, 고귀한 야망, 자신과 명분에 대한 신념 — 가운데

어느 것이든 발견할 때마다, 나는 그것들에 주목했다. 마찬가지로 낡은 질서를 무너뜨리고 아직도 국민에게 영향을 끼치고 있는 어떤 악덕의 흔적을 발견할 경우에도 나는 그 악덕을 강조했다. 왜냐하면 악덕이 끼칠 수 있는 해악을 측정하는 것은 어디까지나 악덕이 과거에 초래한 해악을 통해서만 가능하기 때문이다.

[《구체제와 혁명》, p. xii]

그렇다면 여기에서 다시 문제가 되는 것은, 구체제에 대한 연구가 근본적으로 단순히 하나의 목적으로서 역사적인 재구성을 시도하는 데 있지 않다는 것이다. 그 목적은 과거에 일어난 사건에 대해서 쓸데없이 분노하거나 현재의 업적에 대해서 쓸데없이 무비판적 자만에 빠지는 것으로부터 그의 시대를 해방시키는 데 있었다. 그 같은 관점은 분명히 자유주의적이었지만, 그 논조는 보수주의적이었다. 표면상으로는 객관적이며 공정했음에도 불구하고, 그 분위기는 필연적인 운명의 **비극적** 수용으로부터 자신들의 최대 관심사를 고려해 행동하려는 낡은 질서의 신봉자들이 표방하는 아이러니한 권고로 옮겨 갔다.

토크빌에게 혁명은 메타 역사적인 어떤 불가피한 과정

의 산물도 아니었으며, 미래를 단일 체계적으로 결정하려는 가능성으로서 표현된 것도 아니었다. 반대로 혁명은 자연과 특수한 사회 상황이 제시한 두 가지 대안에 대한 **인간적 선택**의 산물이었다고 그는 주장했다. 낡은 체제 그 자체와 마찬가지로 혁명도 하나의 역사적인 사건이며, 독특한 인상과 생활양식과 비통해할 만한 악덕과 육성할 만한 미덕을 아울러 가진 **독특한 과거**였다. 낡은 체제와 마찬가지로 혁명도 발생과 종말의 근거, 그리고 살아 있는 인간의 정신에 깃들어 있는 것으로 보이는 형식을 지니고 있었다. 그러나 토크빌은 어떻게 낡은 체제로부터 새로운 체제로의 이행이, 그 같은 변화의 드라마에 참여한 여러 인물들의 독특한 의도에도 **불구하고**, 인간 의식이 사회적 존재의 조건과 조화되는 과정을 통해서 변증법적으로가 아니라 오히려 역동적으로 이루어졌는가를 보여 주려고 했다.

그렇다면 《구체제와 혁명》은 체제 보존의 에세이였다고 해야 할 것이다. 토크빌의 목적은 유럽을 과거로 되돌리거나 현재에 머물게 하는 데 있었던 것이 아니라, 민주주의의 장래를 더욱 자유롭고 인간답게 하는 데 있었다. 하지만 보다 인간적인 미래는 근본적으로 귀족주의적인 조건에서 인식되었다. 에드먼드 버크(Edmund Burke)에 관한 주목할 만한 논평을 통해서 토크빌은 이 목적을 다음과 같이 명백하게 표명했다.

> "그대들은 정부의 권력 남용을 고치려 하면서도 왜 새로운 사건들을 만들어 내는가? 어째서 과거의 전통으로 돌아가지 못하는가?"라고 (버크는) 프랑스인들에게 말했다. (…) 버크는 그의 눈앞에서 일어난 일들이 "유럽의 오랜 공통적인 법률"과 시대에 역행하는 것을 의문의 여지 없이 폐지하려는 하나의 혁명이었음을 전혀 이해하지 못했다.
>
> [《구체제와 혁명》, p.21]

혁명은 모든 사회체제를 부정했다. 프랑스 인민의 입장에서 보면, 혁명은 "과거와의 결별을 선언한 것이었으나, 실제로는 인민의 삶을 절단하고 이제까지 존속해 온 모든 것과 열망해 온 모든 것 사이에 건널 수 없는 심연을 파려는" 하나의 시도였다. 그러나 중요한 점은 이 기도가 실현되지 못했다는 것이며, "비록 혁명이 아무리 급진적이었다 하더라도, 일반적으로 생각한 것보다는 훨씬 적은 변화밖에 초래하지 못했음"을 연구 결과가 보여 주고 있다는 것이다. 그러나 과거와 완전히 단절하려는 기도가 실패한 것이 혁명에 대한 반론으로 해석될 수는 없었다. 왜냐하면 혁명이 일어나지 않았다 하더라도, 토크빌이 말한 다음과 같은 현상이 일어났을 것이기 때문이다.

> 그럼에도 불구하고 낡은 사회구조는 조만간 어느 곳에서나 붕괴되고 말았을 것이다. 다만 다른 점이 있다면, 격변으로 붕괴되는 대신 점진적으로 붕괴되었을 것이라는 사실이다. 경고도, 과도기도, 일말의 회한도 없이 불어닥친 혁명은, 비록 느리게 진행된다 하더라도 어느 혁명에서도 일어날 수 있는 일만 일어나는 법이다.
>
> [《구체제와 혁명》, p.20]

토크빌에게 혁명은 역사, 특히 프랑스 역사에 나타난 보다 높은 차원의 논리적 귀결의 표출로 이해되었다. "혁명은 장기간에 걸쳐 잉태된 필연적 산물이었으며, 6세대 동안이나 단속적으로 연출되어 온 과정이 낳은 급격하고도 격렬한 결론이었다." 이와 같이 토크빌은 혁명을 "구체제에 내재한 하나의 실체"나 "문간에 서 있는 망령"으로 설명했다. 혁명의 지도자들이 의도한 바와 같이 – 또는 혁명의 적대자들이 기대한 바와 같이 – 혁명은 과거와의 급격한 단절이기는커녕, 실제로 "서둘러 파괴하려 했던 바로 그 사회체제가 낳은 **자연적**인 결과"였다. 이렇게 보면, 혁명은 신성하거나 극악한 것이 아니라 본질적으로 **역사적**인 사건, 즉 과거의 산물임과 동시에 그것의 당연한 귀결이며, 유럽의 미래를 결정하는 데 필요한 요소였다. 자유주의자든 보수주의자든, 그들과 동시대인의 대부분이 모든 대중의 '해방', 특히 혁명기에 이루어진 대중의 해방이 한결같이 나쁜 영향만을 끼쳤다는 결론에 도달하기 시작했을 때에도, 토크빌은 무엇보다도 우선 그것들이 존재했다는 사실(그러므로 반드시 다루어져야 하는 사실) 때문에, 그리고 둘째로는 그것들이 대체로 인간뿐 아니라 모든 계층의 사람들과 그들의 욕구를 충족시키기 위해서 만든 사회체제와의 관계를 시사하고 있기 때문에, 혁명과 대중에 대해서 사실주의자로서의 관심을 계속 유지하고 있었다.

아이러니한 시각에서 본 비극적 갈등

《구체제와 혁명》의 주제는 구체제 그 자체였으며, 그 주제는 소멸된 과거의 부담과 구체제의 생존에 필요한 변화에의 자각 사이에서 방황하고 있었다. 실제로 토크빌이 구체제를 인격화했다거나 그것을 그가 쓴 이야기의 비극적 주제로 삼았다고 말하는 것은 지나친 일이기는 하지만, 거기에는 구체제의 딜레마에 관한 리어 왕과 같은 어떤 특징이 있다. 토크빌은 군주정치와 그것을 떠받치고 있는 제도를, 국가의 집권화와 인간적인 열망의 논리적 귀결이 초래한 딜레마의 양쪽 뿔에 찔린 산물로 묘사했다. 그는 구체제가 모든 계층의 인민들이 살아가는 데 필요한 조건들을 개선하기 위해 수많은 개혁들을 시도했지만, 시도된 개혁들이 특수한 사회체제의 영역과 구체제 간의 모순된 관계와 어떻게 얽혔으며, 어떤 개혁이 시도되었을 때 그 개혁이 어떻게 개혁으로 인해 이익을 얻은 계급이나 집단을 만족시키기보다는 오히려 다른 개혁에의 요구만을 증대시켰는가를 설명하고자 했다. 혁명 전야의 프랑스는 모순과 패러독스가 거미줄처럼 얽힌 상황에 처해 있었으며, 그 모순과 패러독스가 전적으로 인민의 적대감을 완화할 수 있는 어떤 개혁도 시도하지 못한 사회체제에 대한 공통적인 적대감을 인민들에게 불어넣었다.

> 한쪽에는 부와 사치에 대한 애착이 날로 만연되어 가는 국민이 있었으며, 다른 한쪽에는 끊임없이 이 열정을 조장하고 있으면서도 동시에 그것을 충족하지 못한 정부, 이 숙명적인 모순에 의해서 자신의 파

멸이 결정되어 버린 정부가 있었다.

[《구체제와 혁명》, p.179]

수 세기 동안이나 프랑스 인민들은 다음과 같은 욕망을 지니고 있었다고 토크빌은 말했다.

> 중세 때부터 존속해 온 모든 제도를 완전히 파괴하고, 타고난 개성의 차이를 인정하면서도 인간의 지위는 평등한 새로운 사회를 확립하려는, 제어할 수 없이 팽배한 욕망이 바로 그것이다. 새롭지만 뿌리가 깊지 못한 또 다른 지배적인 열정은, 평등한 지위를 누릴 뿐만 아니라 자유인으로서 살고자 하는 욕망이었다.
>
> 구체제의 말기에 이르러서 이 두 열정은 실제로 동일하게 느껴졌고, 또 동일하게 작용했던 것 같다. 혁명이 발발했을 때, 그 욕망들은 접촉을 통해 하나로 결합되고 더욱 강렬해져 마침내는 혁명적인 국민의 열정을 부채질해 하나의 불꽃으로 타오르게 했다.
>
> [《구체제와 혁명》, p.208]

이렇게 설명한다면, 혁명은 인간 의식과 사회체제 간의 갈등의 산물이라고 해야 할 것이다. 혁명의 가장 일반적 성격을 두고 볼 때 혁명은 한편으로는 사상이나 감정과, 다른 한편으로는 법률이나 정치제도와의 조화를 재정립하려는 당연한 기도의 표현이었다. 혁명은 순수한 지적 산물도 아니며, 순수한 물질적 요소의 산물도 아니었다. 또한 자율적이며 결정적인 메타 역사적 힘의 표출도 아니었다. 혁명의 주요한 원인은, 과거 2세기 동안이나 프랑스 인민들에게 기여해 온 사회체제가 다수의 프랑스인들이 지니고 있던 이상에 대한 열망과 전혀 맞지 않는다고 느낀 프랑스인들의 **돌연한 지각(知覺)**에 있었다.

대체로 이 같은 의식과 사회 간의 단절은 구체제에 가한 지식인들의 비판으로부터 비롯된 것이었다고 토크빌은 말했다. 지식인들의 유토피아적인 시각은 민중에게 가장 잘 기여해 온 사회체제로부터 대중을 분리하는 결과를 가져다주었다. 그 결과는 다음과 같이 나타났다.

> 무질서한 것이라고 말할 수는 없지만, 당시의 전통적이며 어지러운 사회체제 속에서 일종의 가상적인 이상 사회가 차츰 인간의 정신 속에 형성되어 가고 있었으며, 그것은 모든 것이 단순하고 균등하며 응

집력이 있을 뿐 아니라 공정하면서도 문자 그대로 합리적인 사회였다. 대중의 상상력에 불을 지르고 점차 그들을 당시 상황과 멀어지게 만든 것은 바로 완전한 국가에 대한 이러한 시각이었다. 그들을 둘러싼 현실 세계를 외면해 버린 결과, 그들은 먼 이상 세계의 꿈속에 빠져들어 결국에는 정신적으로 저술가들이 생각해 낸 이상 세계에서 살게 되었다.

[《구체제와 혁명》, p.146]

토크빌이 시사한 바에 따르면, 구체제가 무질서했기 때문이 아니라(실제로는 무질서했다) 프랑스 인민의 객관적 상황이 혁명 후의 수십 년 동안보다는 오히려 혁명 전의 수년 동안에 더 개선되었기 때문에, 이 유토피아 사상은 정당화될 수가 없었다. 토크빌은 "한 비교통계학의 연구는, 혁명 직후의 수십 년 동안에 이루어진 것보다도 혁명 전의 2년 동안에 국가의 번영이 빠르게 이루어졌다는 사실을 명백히 밝혀 주고 있다"고 말했다. 그러한 상황의 '패러독스'는 번영의 증대가 오히려 번영을 촉진한 체제의 재해로 나타났다는 사실에 있다. 그리하여 토크빌은 한 특이한 글을 통해서 다음과 같이 논평했다.

국가의 위대성과 권력이 오직 국가 행정 기구의 산물에 불과하다는 신념은, 간단히 말하면 근시안적이다. 그러나 행정 기구가 아무리 완벽하다 하더라도 기구의 배면에 깔린 추진력은 어떤 것인지 설명되어야 한다. 우리는 오늘날의 프랑스보다도 더 복잡하고 어설프고 방만한 헌법 체계를 가진 영국을 고찰할 필요가 있다. 지금도 유럽에는 그보다 더 많은 국부(國富)를 소유한 나라들이 있다. 그러나 사유재산권이 크게 확대되어 있고 그 양식이 다양할 뿐 아니라 또한 그만큼 확고하게 정립되어 있는 곳이 어디에 있는가? 그리고 개인의 번영과 안정된 사회 체계가 그렇게도 잘 융합된 곳이 어디에 있는가? 이것은 특정한 법률의 장점에 기인한 것이 아니라, 전적으로 영국의 헌법에 활기를 불어넣고 있는 정신에 기인한 것이다. 어떤 기구가 불완전하다는 것은 정치체제의 생명력이 활기를 띠고 있는 경우에는 거의 문제가 되지 않는다.

[《구체제와 혁명》, p.175]

그는 이어서 혁명 직전의 프랑스의 '견실한 번영의 증대'가 민중에게 끼친 결과를 지적하고 있다. 번영의 증대가 "모든 곳에서 불안감을 조성했다"고 그는 주장했다. "일반 대중이 과거의 모든 제도에 대해서 적대감을 많이 가지면 가질수록, 불만도 그만큼 증대하게 된다. 실로 국가가 혁명에 직면하게 될 것은 이제 명백한 사실이 되어 버렸다."

당시 토크빌은 일드프랑스(Ile de France)[12]와 대비되는 특정 지역의 사회 상황을 고찰하는 데 몰두했다. 일드프랑스에서는 대체로 구체제가 개혁에의 욕구 때문에 가장 급속하게 붕괴되었지만, 그 밖의 다른 프랑스 지역에서는 과거의 방법이 공고하게 뿌리를 내리고 있었다. 정확하게 말하면, "가장 중요한 개혁이 이루어진 지역에서 오히려 인민의 불만이 가장 크게 고조되었다"고 그는 지적했다. 이어서 그는 다음과 같이 논평했다.

> 이것은 비논리적인 것처럼 보인다. 그러나 역사는 그러한 패러독스로 가득 차 있다. 그런데도 패러독스가 언제나 존재하는 것은 아니다. 왜냐하면 사태가 나쁜 상태로부터 혁명이 발생하는 극악한 상태로 진행되어 가는 동안에도 패러독스가 반드시 나

---

12) (옮긴이 주) 파리를 중심으로 한 프랑스의 옛 주.

타나는 것은 아니기 때문이다. 반대로 저항도 하지 못한 채 장기간의 압제에 시달린 인민이, 갑자기 정부가 압제를 완화하고 있음을 발견하게 되면, 압제에 대항해 봉기하는 현상이 자주 일어난다. 이같이 혁명에 의해 타도된 사회체제는, 직전의 체제보다는 언제나 나은 것이며, 일반적으로 말하면 나쁜 정부가 통치 방법을 개선하려고 하는 때가 가장 위험한 시기임을 경험이 우리에게 가르쳐 주고 있다. 오랫동안 압제의 매력을 맛본 뒤에 국왕이 백성의 생활 상태를 개선하려고 할 경우, 국왕이 왕좌를 지킬 수 있는 유일한 길은 완벽한 통치술뿐이다. 인내할 수 없는 혹심한 고통을 오랫동안 견뎌 낸 불평도, 일단 인간의 정신에 고통이 완화되었다고 느껴지기 시작하면 폭발하고 만다. 왜냐하면 권력 남용이 개선되었다는 단순한 사실은 곧 사람들의 주의를 끌게 되고, 그들은 더욱 격분할 것이기 때문이다. 인민은 고통을 덜 받을수록 감정이 격화되는 경향이 있다. 통치 권력이 아주 강화되었을 때에도 봉건제도는 말기 때처럼 인민의 증오심을 불러일으키지 않았다. 루이 16세 치하에서의 가장 사소한 권력의 남용이, 루이 14세의 철저한 전제정치 아래에서는

> 상상조차 할 수 없는 분노를 불러일으켰다. 보마르세의 단기간의 투옥이 1685년의 용기병에 의한 신교도 박해(dragonnade) 이상으로 큰 충격을 파리에 던져 주었다.
>
> 1780년까지만 해도 프랑스가 내리막길에 들어섰다고 말할 만한 아무런 단서도 발견할 수 없었다. 오히려 프랑스에는 발전을 저해하는 어떤 제약도 없는 것처럼 보였다. 당시에는 인간의 완전성과 끊임없는 발전에 대한 이론이 유행하고 있었다. 20년 전만 해도 미래에 대한 어떤 희망도 찾을 수가 없었다. 1789년에는 미래에 대해 불안을 느낄 만한 요소는 아무것도 없었다. 그때까지는 감히 꿈조차 꾸지 못한 행복의 청사진에 현혹된 인민은 그때까지 추진된 실질적인 개선을 외면하고 혼란스런 사건들에 정신을 빼앗겼다.
>
> [《구체제와 혁명》, p.177]

위에서 든 인용문들이 시사하고 있는 것은 **그리스 비극**에서 보게 되는 법칙과도 유사한 사회 변화 법칙에 대한 개념이다. 이 법칙에 의한 삶의 조건 개선은 반드시 재난과 마주치게 되는데, 그 재난은 대체로 한정된 능력에도 불구하고 세계를 이해하고 또 그것을 '사실적으로' 관찰하려는 과욕의 산물이다. 뿐만 아니라 토크빌은 유기체론적 은유에 의거해 시련의 과정을 겪으면서 구체제를 몰락시킨 체제의 권력과 구성 요소들을 설명하려고 했다.

> 인간의 신체에서와 마찬가지로 인간의 모든 제도에서도 눈에 보이지 않는 에너지의 원천, 삶의 원리 그 자체나 생존에 필요한 여러 기능을 수행하는 기관들의 자율적인 영역이 있다. 한번 이 생명의 불꽃이 꺼져 버리면, 전체의 구조는 쇠퇴하고 비록 전처럼 기능을 수행한다 하더라도 이미 그 기관은 유용한 목적에 전혀 기여하지 못하게 된다.
>
> [《구체제와 혁명》, p.79]

이 "보이지 않는 에너지의 원천"이 고갈되어 버리자, 구체제는 자기 파멸의 길로 치닫게 되었다. 구체제가 아무리 생존하려고 발버둥 쳐도, 그것은 오직 구체제 자체의 소멸에 기여할 따름이었다. 현상을 개선하려는 노력조차, 인간의 반항을 자연스럽게 촉진하는 원자화된 사회 조건을 형성할 뿐이었다.

일단 부르주아가 완전히 귀족과 분리되고, 농민이 귀족이나 부르주아와 분리되고, 이와 유사한 분화가 세 계급 속에서 발생해 각 계급이 완전히 집단과의 관계가 단절된 수많은 소집단으로 분열되는 결과가 일어나면, 비록 국민이 동질의 전체로 보일지라도, 반드시 부분들은 전체의 부분들로 결합되지 못한다. 중앙정부를 방어할 수 있는 수단은 전혀 없게 되고, 그것을 떠받칠 수조차 없게 된다. 이것이 바로, 우리의 군주들이 건설한 장엄한 구조물이 일단 그 구조물의 기초가 되는 사회체제 안에 혼란이 일어나면 마치 체스의 말처럼 넘어지고 마는 이유다.

[《구체제와 혁명》, p.136~137]

토크빌은 이어서 이러한 일반화로부터 한 걸음 더 나아가, 당시의 세대가 이러한 경험으로부터 아무것도 배우지 못한 사실을 다음과 같이 아이러니하게 논평했다.

그러한 사건 속에서 과거의 지배자들이 저지른 과오와 실패로부터 지혜를 발견한 국민들은, 완전히 지배자들의 압제로부터 벗어났다고 하더라도, 잘못

> 된 개념이나 나쁜 습관, 그리고 그들이 만들어 냈거나 용인한 나쁜 성격만은 제거할 수가 없었다. 우리는 때때로 자유를 행사하는 데에서도 노예근성이 있음을 발견하게 되는데, 그것은 일단 국민이 지배자들에게 순종하기를 거부하면 통치 자체가 불가능해져 무정부 상태에 빠질 것이기 때문이다.
>
> [《구체제와 혁명》, p.137]

이 인용문들은 토크빌이 굳은 확신을 가지고 경제적인 요소로부터 사회적 · 정치적 · 심리적 요소를 강조하는 경향으로 전환했음을 가리키고 있을 뿐 아니라, 그것들을 모두 특정한 역사 과정의 상이한 양상으로 받아들이고, 그러한 요소에 적절한 비중을 두면서도 원칙적으로는 그 어느 것도 작용하는 요소에서 배제하지 않았음을 가리키고 있다. 그러나 방법론적으로 볼 때 이러한 요소들은 계급 구성원의 기능으로서만 개인의 행동을 보는 많은 가설들, 정적인 인간성에 대한 선입견, 계급에의 충성에 대한 암시, 이데올로기적인 선호라는 한계를 지니고 있다. 토크빌은 이러한 문제의 갈등을 극복했다고 주장했으며, 또 실제로 그렇게 했다. 그러나 그는 관련된 모든 요소에 대한 호의적인 관찰자는 결코 아니었다. 오히려 그는 인간이 결코

가볍게 받아들일 수 없는 요소와 상황의 작용 속에서 인간을 파악한 공정한 심판관이었다.

혁명의 드라마에 대한 아이러니한 해결

그렇지만 동시에 토크빌도 낡은 체제로부터 새로운 체제로의 이행을, 과거의 극악한 요소가 현재에서 현현된 모습으로 존속하는 과정으로 설명했다. 미슐레나 랑케처럼 토크빌도 자신의 시대를 구체제와 연결되는 연속의 과정으로 파악했다. 하지만 이 연속성은 하나의 모호한 유산으로 남게 되었다. 그것은 국가의 집권화와 평등에의 집념을 지향하는 경향으로 이루어진 것이었다. 불행하게도 그는 이 두 요소가 대조적인 것이 아니라고 지적했다. 그는 정부가 평등의 욕구에 호의를 베풀거나 아첨하고 있는 한, 프랑스 국민들은 실제로는 전제정치의 도구에 불과한 관례나 법규를 어느 정부를 통해서든 받아들이려는 경향이 있다고 주장했다.

사소한 것이지만 또 다른 하나의 끈이 현재를 과거와 연결한다고 그는 인식했는데, 그것은 토크빌이 "자유에의 욕구(desire for freedom)"라고 부른 것을 형성하는 끈이었다. 국가의 중앙집권화와 평등에의 애착에 대한 충동은 지속되고 강화되었으나, 자유에의 욕구는 증대되기도 하고 감소되기도 했다. "혁명의 발생으로부터 현재에 이르는 과정에 나타난 몇 가지 사례를 통해서, 우리는 자유에의 욕구가 소생했다가 사라지고, 꺼졌는가 하면 다시 타오르는 반복을 되풀이하고 있음을 발견한다." 국가의 중앙집권화도, 평등에의 애착도 자유에의 욕구에 필요한 수단은 아니었으며, 전자는 명백한 근거 때문에, 후자는 그 신봉자들이 열정적이고도 완고하며 때로는 맹목적인 경향으로 흘렀기 때문에, "그 욕구를 충족시켜 줄 수 있는 사람에게 모든 것을 양도할 준비가 되어 있었다".

그렇다면 미래의 자유에 대한 희망은 어디에 있는가? 토크빌은 그 희망을 프랑스 인민들 자신의 **이상**(anomalous) 성격, 다시 말하면 혁명의 전통을 형성하고 육성한 성격에서 발견했다고 주장했다.

> 모든 행동에서 그렇게도 완전히 대조적이며 극단적일 뿐 아니라 거의 감정에 지배되고 확실한 원리에는 거의 지배되지 않는, 그리고 언제나 기대했던 것보다도 더 좋거나 나쁘게 행동하는 그러한 국민을, 이제까지 존재한 다른 어떤 민족에게서 발견하기란 거의 불가능한 일이다. 어느 때는 인류의 기준치보다 높게 평가되는가 하면 다른 때는 낮게 평가되기

도 한다. (…) 어느 누구도 저항하려고 하지 않는 한, (프랑스 국민을) 하나의 끈으로 묶어 둘 수는 있을 것이다. 그러나 일단 혁명운동이 시작되면, 프랑스 국민들은 모두 일어서서 혁명에 가담할 것이다. (…) 이처럼 프랑스 국민은 유럽의 모든 국민 가운데서 가장 탁월하면서도 위험한 존재이며, 다른 국민의 눈에는 찬사와 증오와 연민과 경악의 대상, 무슨 일에나 결코 무관심하지 않은 국민으로 보일 것이다.

[《구체제와 혁명》, p.210~211]

예측할 수도 없고 변덕스러우며 극단으로 흐르는 성향을 지닌 프랑스 국민은, 미국의 인민과는 실제로 대조적인 면을 드러내고 있으면서도, 의문의 여지 없이 많은 공통점을 지니고 있다고 토크빌은 생각했다. 그러나 그는 미슐레처럼 프랑스 인민들에게 신성한 신비성을 부여하지는 않았다. 프랑스 인민의 이상 성격은, 그가 《구체제와 혁명》에서 어느 정도 밝힌 바와 같이, 인식할 수 있는 역사적 원인에 기원을 두고 있었다. 그러나 그는 프랑스 국민을 무정부 상태와 압제로부터 유럽을 구출한 혁명적 전통의 **탁월한** 수호자로 보았다. 이 전통은 극단적인 형태를 띠고 있는 인류 평등사상의 병폐에 대한 해결책이었으며, 정치적 중앙집권화의 남용에 대한 견제였을 뿐 아니라, 복고적이거나 현재에 만족하려는 모든 충동에 대한 해독제였으며, 미래에서의 인간적 자유의 끊임없는 발전에 대한 가장 훌륭한 보증이기도 했다.

아이러니에의 몰입

1850년에 쓴《회고록》에서 토크빌은 1789년에서 1830년에 이르는 프랑스사를 회고했다. 그에게 이 시대의 역사는, 그가 말한 바에 따르면 "구체제, 전통, 그것들에 대한 추억과 희망, 귀족들이 드러낸 인간성들과 중산계급에 의해 유도된 새로운 프랑스 사이에서, 41년간 유지되어 온 격렬한 구도"로 보였다. 1830년에 이르러 토크빌은 '귀족계급'에 대한 '중산계급'의 승리가 명백해졌다고 논평했다. 그것이 바로 **그 시대의 일반적인 상황**이었다.

《회고록》의 분위기는, 그보다 약 15년 전에 출간되었던《미국의 민주주의》에 스민 분위기와는 다르다. 왜냐하면《회고록》에서는 아이러니한 시각이《미국의 민주주의》를 구성한 비극적인 관점을 압도해 버렸기 때문이다.《회고록》에서 토크빌은, 고비노에게 드러내지 말도록 권유했을 뿐 아니라 그 자신조차 프랑스사에 대한 성찰을 통해서는 공개적으로 온전히 표현하기를 꺼린, 절망감을 드러내고 말았다. 그의 《회고록》은 "대중의 운명을 그린 하나의 초상"이라기보다는 "전적으로 문학작품이 아닌, 일종의 정신적 위안물"이라고 토크빌은 논평했다. 그 역사가가 세상에 공개하려고 계획한 **혁명**에 관한 연구는, 혁명 그 자체를 통해서 얻은 것이 무엇이며 잃은 것이 무엇인가를 '객관적으로' 분석해야 하는 것이었다.

《미국의 민주주의》를 통해서 토크빌은, 유럽과 미국에서 '민주주의 원리'의 발전 때문에 너무나 많은 것을 잃었지만 또한 많은 것을 얻었다고 주장했다. 결국 얻은 것과 잃은 것이 대등했다는 것이다. 이같이 유럽에서 1789~1830년 사이에 일어난 동란은, 새로운 사회질서는 물론 새롭고 향상된 삶을 실현하도록 인간을 이끌어 갈 수 있는 일종의 사회적 지혜를 유럽에게 가져다준 것처럼 보였다. 그러나 그때까지도 토크빌은 구체제의 몰락과 혁명의 발생, 초기에 그가 지녔던 희망, 그리고 대체로 고비노의 역사적 성찰에 스민 것과도 별다를 바 없는 절망감으로 대체되어 버린 금욕주의적 체념에 관한 역사의 제2권을 쓸 계획을 세우고 있었다.

《구체제와 혁명》의 제1권이 출간된 해인 1856년에 이르러 화해의 논조는 현저하게 감소되었다. 이 저서가 공언한 목적은 "(현재의 사회체제가) 어떤 점에서 선행한 체제와 유사하고 다른가를 명백히 하고, 대격변으로 인해서 잃은 것은 무엇이며 얻은 것은 무엇인가를 명백히 밝히는데" 있었다. 토크빌의 견해에 따르면, 1830년대에 형성된 낙관론을 정당화한 것처럼 보인 사회 상황이 1850년대에 이르러서는 너무나 변해 버렸기 때문에, 그는 이제 **신중한** 비관론 외에 달리 정당화할 근거를 발견할 수가 없었다. 그러나 아직도 비극적인 서술가로서의 신념은 남아 있었다. 그는 구체제의 몰락과 혁명의 여파가 사회과정의 작용을 반영한 것이라는 신념을 가지고 있었으며, 만약 사회과정이 객관적으로 결정된 것이라면, 아직도 그것은 교훈적일 수가 있고 또 사회과정이 낳은 열정과 편견을 조정할 수도 있는 것이었다. 거기에는 아직도 혁명과 혁명의 이념을 **수용**할 여지가 남아 있었다. 혁명의 이념은 무시될 수도 없는 것이었지만, 한편으로는 분노에 미치고 어리석게 속아 넘어갈 수도 있는 것이었다. 제1권에 나타난 희망이 제2권에서는 체념으로 바뀌어 버렸다.

그러나 혁명에 관한 논고에서 토크빌은 다음과 같이 썼다. "극소수의 문필가들과 지식인들에 의해서 고무되고 행동 지침조차 지식인들이 쓴 것이지만, 새롭고도 무서운 사건, 다시 말하면 거대한 민중 계층을 가장 강력한 주재자로 가진 거대한 혁명이 출현했다." 새로운 것이 탄생했으나 그것은 자기 조정적이며 자율적인 사회체제가 아니었다. 그 사회체제는 랑케가 혁명과는 거리가 먼 지역에 있는 베를린에서 안락한 지위에 있을 때부터 선악의 잠재력을 지닌 '새롭고도 무서운 체제'로 인식한 것이다. 그럴 듯한 미래의 발전을 예견하기 위해서 이 '새롭고도 무서운 체제'의 성격과 그것을 지배한 법칙을 규명하는 것은, 역사가로서의 생애 내내 토크빌의 연구 목적으로 남아 있었다. 그의 저서의 논조와 분위기는 한결같이 아이러니와 비관론을 지향한 것이었지만, 그 관점만은 비극적인 것으로 남아 있었다. 역사의 스펙터클이 역사의식에 드러낸 법칙은, 유럽과 세계를 파국으로 몰고 간 참극을 즐긴 고비노의 심술궂은 분위기에서 고찰된 것이 아니라, 그 법칙을 사회선(社會善)을 지향하는 의식에 적용하려는 끈질긴 기도에서 고찰된 것이었다.

토크빌은 결국, 역사 기록에 나타난 특정한 시대를 다른 모든 시대를 판단하고 비판하는 기준으로 삼으려는 충동에 대항했다. 또한 그는 모든 사회계층에 대해서도 공정한 정신을 견지하려고 노력했다. 그러나 그는, 하층민에 대한 '희망'을 표명했다고는 하지만 결코 그들을 신뢰하지 않았다. 온건한 회의론의 분위기에 젖어 있던 시기였다고 말할 수도 있는 1848년에 그는 이렇게 썼다.

> 우리의 상황은 매우 심각하다. 그러나 아직도 대중의 선의와 감정에 대해서 희망을 가질 만한 여지는 있다. 지금까지 그들의 행동은 우선적으로 찬양되어 왔다. 만약 그들이 그들의 유리한 지위를 유리하게 설명하고 그들을 지도할 지도자들을 갖기만 했더라면, 우리는 곧 이 위험하고도 실현성 없는 이론들을 배제하고 자유와 정의라는 영원하고도 유일한 토대 위에 **공화국**을 세울 수 있었을 것이다.
>
> [《회고록》 II, p.91]

그는 개인적인 정치 신념 면에서 자유주의자(그러므로 **원칙적으로는 변화를 환영했다**)였으며, 많은 혁명을 경험한 귀족주의자(그러므로 변화에는 반드시 고통이 수반된다는 사실을 경험을 통해서 체득했다)였기 때문에, 역사의 성찰에서 미슐레보다도 더 '사실주의적'인 태도를 견지했다. 그러나 미슐레처럼 그의 저서의 논조는 만년에 이르러 더 우울해지고, 그동안에 더욱 보수적인 색채를 띠게 되었다. 토크빌이 후대에 충분히 평가되지 못한 이유를 찾기란 어렵지 않다. 그가 처음부터 관심을 기울인 비극적인 사실주의는 너무나 모호했으므로, 양면성을 전혀 용인하지 않는 시대에는 이해될 수가 없었다. 1848년의 혁명은 18세기 이래 자유주의를 발전시켜 온 중도 세력을 붕괴시켜 버렸다. 그 뒤로 다른 분야의 사람들과 마찬가지로 역사가들도 혁명에 대해서 찬반의 입장을 밝혀야만 했고, 또 역사를 보수주의 시각에서 볼 것인가 급진주의 시각에서 볼 것인가를 결정하지 않으면 안 되었다. 철학에서는 쇼펜하우어(A. Schopenhauer)와 스펜서(H. Spencer) 사이에서, 문학에서는 보들레르(C. P. Baudelaire)와 졸라(E. Zola) 사이에서, 사학 사상에서는 랑케와 마르크스 사이에서 선택의 필요성을 느낀 사상가들에게는, 헤겔의 시각과 마찬가지로 토크빌의 시각도 너무 유동적이며 모호하고 포괄적인 것으로 보였다.

결론

나는 이제까지 토크빌을 비극적 사실주의자의 역사 개념을 지닌 대표자라고, 그리고 헤겔에게서 고도의 이론적 표현을 발견할 수 있는 종합적이고도 분석적인 역사주의의 계승자라고 찬양했다. 헤겔처럼 토크빌도 역사 과정의 중요한 현상으로서의 사회관계에 관심을 두고 있었으며, 근본적으로는 사회관계 속에서 인간의 의식과 외부의 절박한 상태가 마주치는 점, 즉 갈등을 발견했으나, 인간의 자유가 발전적으로 전개되는 과정의 해결책을 찾지는 못했다. 초자연적이거나 초월적인 원인에 관한 모든 사상은 토크빌의 역사적 성찰에서 배제되었지만, 동시에 토크빌은 인간의 행동을 물리화학적인 충동에 의거해서 설명하려는 유혹도 뿌리쳤다. 그에게 자연은 역사에서 일역을 맡고 있었으나, 그것은 결정소로서보다는 무대와 수단과 사회적 가능성에 대한 수동적인 제한 조건으로서였다. 토크빌에 따르면, 인간의 의식과 의지와 이성은 역사의 주요한 요소로서 작용하며, 언제나 과거로부터 물려받은 사회구조에 저항하고 미래의 관점에 대해서는 인간의 지식이 불완전하다는 입장에서 사회구조를 변혁하려고 한다. 윤리적 이상이라는 면에서는 개인주의자였음에도 불구하고 토크빌은 인간의 가능성에 대한 프로메테우스적 개념과 시시포스적인 개념을 부정했는데, 이 개념들은 두 가지 주요한 면에서 낭만주의 사상을 고취했다. 발자크의 소설에서 토크빌의 개념과 매우 유사한 것을 발견할 수도 있지만, 토크빌의 역사 개념에 따르면, 인간은 자연에서 탄생해 인간의 이성과 의지에서 연유한 현세의 욕구에 적합한 사회를 형성한 다음, 그가 창조한 사회와의 숙명적인 투쟁에 빠져들어 역사적인 변화의 드라마를 제시하는 존재다.

헤겔에서처럼, 역사 지식은 특정한 시간과 공간에서 이 갈등을 표현하는 요소로서 기여한다. 역사 지식은 인간을 현재에 놓고 또 인간을 지상 왕국이 승리하는 데 반드시 작용하는 힘에 동조하거나 반항하도록 유도함으로써, 죽은 과거의 고찰에서 현재 속에 살아 있는 과거에 대한 고찰로 옮겨 가게 되고, 인간의 관심을 왕국의 승리라는 이 악령에 돌려, 이 왕국도 인간의 창조물이며 자신의 의지에 종속시킬 수 있다는 사실을 보여 줌으로써 왕국에 대한 공포를 떨쳐 버리게 한다. 하지만 토크빌은 결국 인간 역사의 드라마가 비극적이거나 희극적인 것이 아니라 **타락**의 드라마, 그가 공개적으로 고비노를 비판한 것과도 같은 형태의 드라마라는 사실을 어쩔 수 없이 받아들이고 말았다.

주로 역사적 디테일에 대한 토크빌의 관심이 유형론이라는 보다 큰 관심에 묻혀 끊임없이 흐려지게 되었거나, 혹은 과정이나 통시적인 변화보다도 구조나 연속성에 더 큰 관심을 가진 것처럼 **보였기** 때문에, 흔히 토크빌에게 역사가라는 칭호를 부여하는 것이 거부되고 사회학자로 분류되기도 한다. 그러나 역사가와 사회학자 사이의 이러한 구분은 인문과학사에 새로운 학문(사회학)의 출현을 알리려는 노력이라는 면에서 볼 때는 도움이 될 수 있을지 모르나, 그 구분은 불공정할 뿐 아니라 인문 사상에 끼친 한 사상가의 공적을 적절하게 평가하는 데도 실제로 도움이 되지 않는다. 왜냐하면 **토크빌의 시대**에는 개별적인 사건을 과거에 대한 단순한 이해라기보다는 보편적 과정의 요소로 이해하려는 역사가의 기도를 거부하는 시각이 전혀 없었기 때문이다. 이 기도는 초기 낭만주의 역사학의 최상의 전통 속에서 이루어졌으며, 실제로 역사가들이 그들의 이야기를 어떻게 구성하고 있는가라는 문제에 대한 헤겔의 분석과도 완전히 일치하는 것이었다. 중요한 것은, **이것**이 어떻게 **저것**으로 발전했는가를 단순하게 고찰하는 데 만족하지 않고, 생생한 현재와 알려진 과거를 연관시킨 보편적 원리를 발견하려고 노력하며, 전승된 사회형태에 대한 인간의 투쟁을 비극적으로 자각한 데서 연유한 고전적 원리에 의거해 그 보편적 원리들을 **규정**한 것이 바로 헤겔의 사상이었다는 점이다.

토크빌 이전에도 자유주의적 · 보수주의적 · 급진주의적인 많은 역사가들이 혁명의 사실을 일종의 자료로 취급하고, 거의 무의식적으로 혁명이 **어떻게** 일어났으며 하필이면 **왜** 그와 같이 일어났는가 하는 문제에 대한 선택적인 —자유주의 이론인가 보수주의 이론인가, 혹은 급진적인 이론인가 반동적인 이론인가 중 하나를 선택하는—설명 구성에 만족하고 있었다. 토크빌은 그러한 논쟁으로부터 한 걸음 물러서서, 실제로 혁명이 **일어났는지 아닌지** 하는 문제—즉, **실제로 발생한 것**이 혁명인지 아닌지 하는 문제—를 무엇보다도 먼저 다루었다. 그리고 그는 이 문제를 의미론적 과제로서가 아니라 역사적인 세계에 나타난 사실의 궁극적인 성격을 순수하게 탐구하는 문제, 다시 말하면 사실들을 **명명해야** 하는 방법에 관한 탐구로서 제기했다. 프랑스 혁명이나 미국의 민주주의와 같은 복잡한 사건을 명명하지도 못하고 어설프고도 불완전한 언어상의 용법에 따라 모호해져 버린 복잡한 사실을 그대로 방치해 두는 것은, 있을 수 있는 상이한 시간과 장소에서 "실제로 무엇이 일어났는가"라는 문제에 접근하는 데에서 어떤 이론보다도 급진적인 이론을 통해서 특히 두드러지게 드러났다. 왜냐하면 급진주의자는 "실제로 무엇이 일어났는가"에 대한 이데올로기적인 이견의 문제를 그대로 방치한 채 그것이 어느 편을 위해서 쓰이고 누구의 편이 될 것인가 하는 정당의 역할을 확실히 맡고 있는 데 반해, 복잡한 역사적 사건을 설명하는 전통적인 언어상의 용법을 토크빌이 문제로 삼은 것은, 인간적인 선택의 여지를 고려해 일반적인 용법에 젖은 타성을 분쇄하고 독자로 하여금 "실제로 무엇이 일어났는가" 하는 문제를 자신의 미래에서 일어나기를 바라는 욕망에 따라 스스로 결정하도록 하고, 역사의 강을 편안하게 흘러 갈 것인가, 그렇지 않으면 급류에 대항해 싸워 나갈 것인가를 자문하도록 만드는 것이기 때문이다.

그렇지만 토크빌의 역사 분석은, 그가 분석 결과를 실제 언어로 구체화하지 않고 역사를 사회학화했다는 일반적인 견해와는 다른 것이다. 그것은 전적으로 아이러니한 역사 개념의 산물이다. 왜냐하면 아이러니는 현재에 대한 굴절된 시각의 구성 요소와의 상호작용을 통해서, 독자적으로 역사를 해석하는 데 매력을 느끼는 독자를 자신이 직접 느낀 현실의 욕구 · 소망 · 포부에 의거해 미래를 선택하게 함으로써 과거로 초대하기 때문이다. 토크빌이 성찰한 역사주의는 프랑스 혁명이나 민주주의의 발흥과 같은 역사적 사건의 '의미'를 과거나 현재가 아니라 미래, 과거가 지닌 고유한 양면성을 드러내 보임으로써 부담을 덜게 된 개인이 선택한 미래에서 찾았기 때문에, 그 이상 개방적인 개념은 있을 수가 없다.

도덕적인 양면성 때문에 창조적인 환상을 지니게 된 토크빌의 직관적인 역사 서술에 대한 개념이, 궁극적으로 그를 한 사람의 자유주의자, 영국의 위대한 동시대인인 밀과 유사한 자유주의자로 만들었다. 밀은 에세이 〈자연론

(On Nature)〉에서 다음과 같이 기술했다.

> 칭찬할 만한 유일한 도덕적 창조의 이론은, 신의 원리가 자연적이든 도덕적이든, 곧바로 또는 전적으로 악의 힘을 진압할 수도 없고, 인류를 그 거대한 힘과의 끊임없는 투쟁의 필요성으로부터 해방시킨 세계에서 살도록 할 수도 없을 뿐 아니라 언제나 그 투쟁에서 승리하도록 할 수도 없지만, 다만 인류로 하여금 힘과 점진적 승리에 대한 확신을 가지고 투쟁에 임하도록 할 수는 있다는 것이다.
>
> [〈자연론〉, p.386]

밀이 파악한 바에 따르면, 그러한 이론은 "**악**의 **창조주**로 간주될 수도 있는 것이지만, **선**의 **창조주**에 대한 모호하고도 모순되는 신뢰보다는 오히려 (개인을) 분발하도록 하는 데 훨씬 더 적합한 것처럼 보였다". 그의 에세이 〈종교의 효용성(The Utility of Religion)〉에서 밀은 거기에는 "오직 초자연적인 유일한 신앙의 형식"만이 존재한다고 표현했다.

[거기에서] 완전히 지적 모순과 도덕적인 부정이 명

확해진다. 그것은 전능한 창조주라는 개념에 어쩔 수 없이 저항하면서도, **자연**과 **삶**을 도덕적인 성격을 드러낸 표현이나 신의 목적이 아니라, 플라톤이 확신한 인위적인 선과 다루기 힘든 제재 간의 갈등의 산물이나, 마니교의 교리에 나타난 바와 같은 악의 원리로 보는 신앙 형태다.

[〈자연론〉, p.428]

그와 같은 이원론적인 세계 과정의 개념을 통해서 밀은 다음과 같이 주장했다.

고결한 인간은 (…) 영혼 속의 지존의 존재(Highest)를 믿는 노동자들과, 성과가 별로 없는데도 다수의 인간과 더불어 악에 대한 선의 점진적인 지배와 궁극적인 승리를 위한 위대한 투쟁에 헌신하는 전사를 포용하고, 자연을 창조한 신(Being)이 모든 피조물에게 자비를 베풀었다고 믿는 사람들이다.

[〈자연론〉, p.428]

자유주의의 입장에서 볼 때는 결함이 없는 증명서와도 같은 것이지만, 토크빌이 자주 인용했기 때문에 나는 밀에게서 이 글들을 인용했다. 토크빌은 이 전형적인 자유주의의 윤리적인 마니교 사상에 역사적인 중요성을 첨가함으로써 자유의 만신전(Pantheon)에 한 자리를 차지하게 되었다. 토크빌의 역사 개념은 일종의 이원론을 제시하고 있는 것으로, 그 구성 요건은 명시할 수 있는 최종적 종합의 가능성이 전혀 없는 것과 변증법적으로 연계되어 있을 뿐이다. 그러한 이원론으로부터 인간이 얻을 수 있는 이익은 명백하다. 왜냐하면 밀이 마니교의 교리에 대해서 말한 바와 같이, 그 교리의 근거는 음울하고 비실체적(즉 비교의적)일 뿐 아니라, 그 교리가 인간에게 제시하고 있는 보상의 약속조차 멀고도 불확실한(따라서 이기적인 존재에게는 거의 호소력이 없는) 것이기 때문이다.

윤리적인 마니교에는 모티프도 목적도 없다는 문제가 제기될 수도 있다. 쉽게 승리할 수 있다는 희망도 없이 상충하는 요소들 사이에서 방황하고 있었으므로, 이 교리를 믿은 신봉자는 그가 지닌 능력은 대체 무엇이며, **그가 알고 있는 한에서** 선에 기여하도록 그에게 주어진 직업과 소명은 대체 어떤 힘을 가졌는가 하는 문제에 관심을 돌리게 된다. 동시에 그는 **그에게 악으로 보이는 것**의 타당성과 진실을 인정한다. 두 심연 속에서 헤매고 있는 그는 사후의 삶이라는 입증할 수 없는 가설에 몰두할 수도 있다. 그러나 그는 이것을 자신과 마찬가지로 적에게도 넓게 개방되어 있는 것으로 보고 있다. 그리고 만약 그 마니교도가 자유주의자라면, 그는 이 가설을 포기하고, 알려진 기원도 받아들일 만한 목적도 없이 오직 대대로 인류 앞에 놓인 일련의 과제만을 지닌 봉사에 만족할 것이다. 그의 선택에 의해서 자유주의자는 이러한 인간성을 하나의 본질로 구성한다. 자기비판과 타인에 대한 비판을 통해서, 그는 인간이 지닌 복잡한 유산의 **점진적인** 발전을 확인하려고 노력한다. 세밀하게 규정된 제도라는 수하물을 물려받은, 낯익은 명칭들을 구성하는 복잡한 현실을 발전적으로 규정하거나 끊임없이 표현함으로써, 그 자유주의적인 역사주의자는 세계에 대한 비극적 사실주의자로서의 시각을 견지하게 되고, 무조건적인 헌신에의 충동을 배제함으로써 아이러니하게도 후손들에게 물려줄 최소한의, 그러나 희망에 찬 자유를 위해서 노력하게 된다.

제4장 부르크하르트 : 풍자로서 역사적 사실주의

서론

우리가 로맨스적이며 희극적인 역사 설명에서 비극적이며 아이러니한 역사 설명으로, 그리고 과정적이며 통시적인 역사에서 구조적이며 공시적인 역사로 옮겨 감에 따라, 적어도 플롯이 **펼쳐져 있는** 이야기를 표현하는 전략으로 받아들여질 수 있는 한, 테마의 요소가 플롯의 요소를 압도하는 경향이 있다. 미슐레나 랑케는 역사를 **발전되어 가는** 이야기로 취급했다. 토크빌은 역사를 인간성과 사회 간의 화해할 수 없는 요소들이 교체되어 가는 과정으로 인식했다. 그에게 역사는, 역사가의 현재나 가까운 미래에 내재한 수많은 요소들이 충돌하는 과정이었다. 그렇지만 부르크하르트는 발전해 가는 것이란 아무것도 없다고 인식했다. 그에게 사실들은 크든 작든 광휘와 명암, 자유와 억압, 그리고 운동의 구조를 형성하기 위해서 결합하는 것이었다. 때로는 상황이 빛나는 창조의 스펙터클을 연출하기 위해 천재성과 결합하기도 하지만, 그 같은 스펙터클 속에서는 정치와 종교까지도 '예술'의 양상을 띠게 되었다. 그러나 부르크하르트의 견해에 따르면, 예술 감각에도 **진보적** 전개란 없으며, 종국적으로도 정치적 · 종교적인 충동이 낳은 억압 외에 아무것도 없었다. 역사가 가르친 진실은 우울한 것이었다. 그 진실은 희망과 행동으로 이끄는 것이 아니었다. 그것들은 인간의 속성 그 자체가 지속하리라는 사실조차 시사하지 않았다.

비유에 관한 논고를 통해서 비코는 "아이러니는 진리의 가면을 쓴 성찰이 낳은 허위로 구성되어 있으므로, 반성의 시대[13]에 이르러 비로소 그 모습을 드러내기 시작했다"고 말했다. 시초부터 종말에 이르기까지 문명이 경과하는 동안에 겪는 순환(신의 시대, 영웅의 시대, 인간의 시대)에 관한 비코의 이론에 나타난 아이러니는 최종적인 해체의 전조가 되는 의식 형태다. 이같이 비코는《신과학》의 결론을 통해서 후기 로마제국과 같은 시대를 다음과 같이 설명했다.

> 시민의 국가가 부패함에 따라 철학도 부패해 버렸다. 철학은 회의론에 빠져들었다. 학식 있는 바보들이 진리를 헐뜯게 되었다. 거기에 반대편의 입장을

13) 비코가 말한 순환 과정의 하나. 비코는 역사를 폭력, 영웅적인 힘, 정의, 독창력, 창조적인 반성, 낭비적인 풍요의 단계로 순환하는 것으로 이해했다.

> 전혀 고려하지 않은 사이비 웅변이 나타났다. 시민들이 기본적 품위를 유지하기에도 부족한 부에 대해서 불만을 터뜨렸을 때, 로마에서 행해진 호민관의 웅변처럼, 웅변을 남용함으로써 웅변이 권력의 한 수단이 되어 버린 현상이 발생했다. 성난 남풍이 바다를 휘몰아칠 때처럼, 시민들은 내란을 일으켜 국가를 완전히 혼란에 빠뜨렸다. 이같이 그들은 국가를 완전한 자유로부터 완전한 무정부적인 폭정으로 이끌거나, 모든 폭정 가운데서도 가장 나쁜 폭정인 자유민의 무절제한 자유로 몰아넣고 말았다.
>
> [《신과학》, p.423]

비코가 특수한 **형태**의 언어상의 규약을 구성할 수 있을 뿐 아니라, '어떤 사실에 대한 설명이 다른 사실을 가리키는 것'이 관례가 되어 버린 네 개의 주요한 비유 가운데서 아이러니를 들고 있다는 사실에 유의하지 않으면 안 된다. 아이러니는 '진리의 가면을 쓴 성찰'이 낳은 허위로 구성되어 있다고 그는 강조했다. 아이러니한 언어가 구체화된 증거는, 철학에서는 회의론, 일반적으로 말하면 궤변적인 것, 플라톤이 정치 강론에서 '논쟁적(eristic)'이라고 부른 것과도 유사한 형태의 논증의 대두에서 찾을 수 있다. 이 언어 형식의 토대가 되는 것이 바로 사회적 존재로서의 좌절된 성격, 정치인들의 표리부동과 이기심, 공동선에 대한 모든 표현을 지배하고 있는 이기주의, 그리고 행동의 정당화를 위해서 이용되고 있는 법률과 도덕을 지배하는 벌거벗은 지배 권력의 용인이다. 헤겔이 만년에 이르러 논평한 바와 같이, 아이러니한 언어는 인간이 느끼는 '불행한 의식'의 표현이며, 인간은 자유롭게 행동하고 있을 때에도 그가 외부의 권력, 대체로 국민의 건강이나 국민의 자유에 대해서 거의 관심을 갖지 않는 폭군이 되어가는 권력에 예속되어 있다고 생각한다.

프라이가 논평한 바에 따르면, 아이러니 문학의 중심 테마는 영웅적 행동의 소멸에 있다. 모든 문학의 양식이나 형식에는—분명히 '이중적인 시각'에 의한 **비극**과 **희극**뿐 아니라, 적어도 로맨스 작가가 독자에게 궁극적으로는 억압하는 권력에 대해 승리할 수 있다는 **가능성**을 불어넣어 줄 만큼 격렬한 투쟁을 제시하고 있는 한, 어느 정도까지는 **로맨스**에도—아이러니의 요소가 있다. 그러나 대체로 아이러니 문학에서 이 이중적인 시각은 어디서나 미덕이라는 열매를 맺기 위해서 벌 떼를 구하거나 또는 그것을 발견하려는, 완화된 또 다른 성격으로 퇴화(또는 고양)된다.

프라이는 이어서 말하기를, "아이러니는 당혹한 좌절의 테마에 초점을 맞춘 비영웅적인 비극의 잔재"라고 했다. 초기의 흄에게서 찾을 수 있는 완화된 형태로서의 아이러니는, 현재의 사회제도에 대체로 만족하는 구조 속에서 인간의 좌절과 무력을 드러낸 스펙터클을 다룬다. 이 형식을 통해서 아이러니는 희극 형식을 **지향하며**, 아이러니가 나타나고 또 그것이 보편적인 진리를 지지하는 곳에서는 어디서나 가장 영웅적인 개인에게서도 최소한의 어리석음을 발견하게 되는, 그러한 형태의 어리석음을 '폭로하는 데' 초점을 맞춘다. 그러나 사회적 붕괴나 문화적 소멸이라는 분위기에서 나타나는 가장 극단적인 형태의 아이러니는, 세계에 대한 **부조리한** 시각을 지향한다. 사르트르의 초기 실존철학 이상으로 아이러니한 것은 없다. 그 철학은 자신과 타인을 불신하는 '나쁜 신념'을 지니게 된 인간의 능력을 도처에서 강조하고, 세계를 야만적인 자기 예속의 장으로 다루고 있을 뿐 아니라, 타인에 대한 헌신을 일종의 죽음의 형식으로까지 간주하고 있다.

아이러니 형식은, 대체로 문제가 되는 미신이 소박한 종교적 신념, 군주의 권력, 귀족의 특권으로 확인되든 아니면 부르주아지의 자만으로 확인되든 간에, 미신과의 투쟁이 전개된 시기에 성행했다. 아이러니는 영웅들의 시대나 영웅성에 대한 믿음의 시대가 지났음을 반영해 주고 있다. 이 반영웅성이 바로 아이러니를 '낭만주의의 안티테제'로 만든 요소다. 그러나 아이러니가 신이나 운명이나 동포에 대한 영웅의 **아곤**이 남긴 세계의 비극적 이해와는 다른 면에서 나타날 경우, 그것은 삶의 어두운 밑바닥, '아래로부터'의 관점을 강조하려고 한다. 이 같은 관점에 입각해서 프라이는 아이러니란 과거에는 영웅적으로 보인, "인간적인, 너무나 인간적인" 양상이나, 표면상으로는 서사시적 행동의 모든 파괴적인 양상을 강조하는 것이라고 지적하고 있다. 이것이 바로 '사실주의적'인 상황에서의 아이러니다. 토크빌은 그의 마지막 저서 《회고록》과 서거하기 직전에 쓴 혁명에 관한 논고에서, 이와 같은 아이러니한 태도의 양상에 대해서 설명했다.

'비극의 다른 면'에 나타난 아이러니의 의미가 논리적인 결론에 도달하게 되고 인간의 삶 속에 내재한 숙명적 요소가 형이상학적 확신의 상태로까지 고양될 때, 사상은 **수레바퀴**, 영원회귀, 그리고 출구가 차단된 폐쇄적 순환이라는 이미지를 통해서 세계를 회고하고 파악하려는 경향을 띠게 된다. 프라이는 이와 같이 세계를 이해하는 것을 **굴종**의 아이러니라고 부르고 있다. 이것은 부활에의 꿈, '악령의 현현(demonic epiphany)'이라기보다는 사회적 폭정에 대한 악몽이다. 의식은 '무서운 밤의 도시'를 응시하게 되고, 아이러니하게도 인간의 이상적인 목표나 잃어버린 이상을 대신할 어떠한 탐색에 대한 믿음도 파괴해 버린다. 이것이 프라이와 더불어 우리가 "**스파라그모스**,[14] 또는 영웅적 행동과 효과적 행동이 결여되어 무질서하면서도 패배할 운명에 떨어지게 된다는 의식, 또는 혼란과 세계에 대한 무정부적인 지배가 아이러니와 풍자의 원형적인 테마"라고 말할 수 있는 이유다.

아이러니한 의식의 언어 형식은 지각이 부여하거나 사상이 현실의 본질에 관해서 사고한 것을 적절하게 표현하는 언어의 능력에 대한 회의를 반영하고 있다. 그 언어 형식은 현실의 과정과 이 과정에 대한 **어떤** 언어적 설명 사이의 숙명적 불균형에 대한 자각이라는 맥락에서 전개된다. 이렇게 프라이가 지적한 바와 같이, 아이러니한 의식의 언어 형식은 낭만주의와 동일한 방법을 통해서 **일종**의 상징주의를 지향한다. 그렇지만 낭만주의와는 달리, 아이러니는 최종적인 은유, 삶의 본질을 규정하는 은유 중의 은유를 추구하지 않는다. 아이러니는 모든 '환상'이 벗겨

14) 주인공의 소멸을 의미하며, 육체를 갈가리 찢는 형태를 취한다. 풍자의 원형적 주제다.

진 형식이므로, '본질' 자체에 대한 모든 신념을 상실해 버린 형식이다. 이처럼 아이러니는 언어 자체가 낳은 의식의 마력을 제거하기 위해서 언어에 관한 언어가 되고, 말의 유희를 지향하게 된다. 아이러니는 **모든** 형식들을 의심하고, 언어를 통해서 경험을 파악하려는 모든 기도에 내포된 패러독스를 폭로하는 것을 즐긴다. 그것은 속언과 경구와 격언을 통해서 의식의 열매를 따려고 하며, 그러한 표현들은 반복되면서 그 표현들이 지닌 명백한 진리와 타당성까지도 배제해 버린다. 결국 아이러니는 세계를 언어로 구성된 감옥 속에 갇혀 있는 것이나 '상징의 숲'으로 인식한다. 아이러니는 이 숲으로부터 벗어날 방도를 못 찾고 '있는 그대로의 사실'로서의 세계에 대해 순수하게 성찰하거나 체념함으로써 모든 상투어와 신화적 표현을 즐긴다.

부르크하르트 : 아이러니의 시각

독일의 철학자이며 지성사가인 카를 뢰비트(K. Löwith)는, 궁극적으로 '역사의 개념'이 신화, 그리고 중세 초에서 19세기 중반에 이르기까지의 사학 사상을 지배해 온 역사 지식과 신화 간의 혼동이 초래한 흉악한 '역사철학'으로부터 벗어나게 된 것은, 오직 부르크하르트와 더불어서였다고 주장했다. 뢰비트는 부르크하르트가 발전시킨 우아함과 기지, 그리고 '있는 그대로의 사실'을 파악하려는 욕구인 '사실주의'와 순수한 '관조'로서의 지식에 내포된 반동적인 의미가 바로 특수한 형태의 신화적 의식의 요소였음을 간파하지 못했다. 부르크하르트는 역사적 사고를 신화가 아니라 다만 당대의 상상력을 사로잡고 있던 역사의 신화, 즉 로맨스 · 희극 · 비극의 신화로부터 해방시켰을 뿐이었다. 그러나 사상을 이러한 신화로부터 해방시키는 과정에서 그는 풍자의 미토스라는 또 다른 형태의 신화에 관심을 기울였으며, 풍자의 미토스를 통해서 역사 지식은 그것과 연관된 시간과 공간의 사회적 · 문화적 문제와는 아무런 연관성도 갖지 않게 된다. 풍자를 통해서 역사는 일종의 '예술품'이 되어 버리지만, 이러한 방법에서 전제가 되는 예술의 개념은 순전히 정관적인 개념, 프로메테우스적이기보다는 시시포스적이며, 능동적이기보다는 수동적이며, 당당하게 현재 인간의 삶을 조명하기보다는 오히려 체념하는 개념이다.

역사가로서 부르크하르트를 고찰하는 데는 대체로 두 가지 시각이 있다. 하나는 국가화 · 산업화 · 대중화의 결과로 나타난 문화의 타락에 민감한 해설자로 그를 이해하는 시각이며, 다른 하나는 쇼펜하우어적인 개념이 낳은 것은 아니지만, 인간성 · 세계 · 지식에 대한 내면 깊숙이 숨겨져 있는 **발전 과정**이나 **인과적 분석**에는 부적합한 역사관을 지닌 탁월한 지성으로 그를 이해하는 시각이다. 첫 번째의 관점은 그의 '지각력'을 찬양함으로써 이론가로서의 부르크하르트의 결함을 간과하고, 관조에 대한 그의 이론을 불변의 가치를 지닌 역사적 방법으로 파악하려는 경향이다. 두 번째의 관점은 부르크하르트가 철학자나 사회이론가로서는 부적합하다는 관점에 입각해 그의 윤리 사상은 물론 사학 사상의 편파성을 비판하고, 역사 과정의 성격에 관한 그의 사상을 엄격하게 다루기보다는 오히려 그를 당대의 한 대표자라는 지위와 연관시키려는 경향이다.

진실은 이 두 관점 '사이에' 있지 않고, 바로 그 두 관점 밑에 놓여 있다. 전자의 시각에서 부르크하르트의 업적을 찬양하는 개념이, 그에게 역사의 개념에 대한 독창성과 역사를 서술하는 방법의 정확성을 부여한 인식론적 관점의 윤리적 · 이데올로기적 의미를 흐려 놓고 있다. 그리고 후자의 시각에서 그의 업적을 경멸하는 개념이, 그의 본질적인 허무주의와 자만과 반동적인 이데올로기적 의미를 정확하게 드러내 주고 있는 윤리적 원리의 심미적인 정당성을 흐려 놓고 있다.

부르크하르트의 역사 시각은 토크빌의 시각이 끝나는

시점, 즉 아이러니의 조건에서 출발했다. 로맨스의 감격과 희극의 낙관론과 세계에 대한 비극적 이해의 체념이 그에게는 없었다. 부르크하르트는 대체로 미덕이 배반당하고, 능력이 악용되고, 권력이 비천한 명분에 기여하는 세계를 개관했다. 그는 당대에서 미덕을 거의 찾지 못했으며, 무조건 충성을 바칠 만한 대상조차 그에게는 없었다. 그의 유일한 헌신은 '**과거의** 유럽 문화'에 대한 것이었다. 그러나 그는 과거의 유럽 문화를 하나의 폐허로 고찰했다. 그에게 과거의 문화는 무너져 가는 로마의 기념비 중 하나와도 같은 것이었는데, 그것은 온통 덩굴장미와 풀로 뒤덮여 있는 푸생(M. Poussin)의 풍경화 한가운데에 모든 인위적인 산물을 자연으로 돌아가게 하는 자연의 힘에 항거하면서 서 있는 기념비를 연상시킨다. 그는 이 폐허를 복구하려는 어떤 희망도 갖지 않았다.

그러나 과거에 대한 부르크하르트의 태도는 무비판적인 것이 아니었다. (그가 자주 찬의를 표하며 인용한) 헤르더와는 달리, 그는 과거의 모든 것에 대한 무비판적인 옹호자가 아니었다. 랑케와는 달리, 그는 궁극적으로는 개인의 악덕을 공익으로 바꾸는 방법을 통해서 사물이 언제나 최상의 것을 만들어 낸다는 환상에 빠지지도 않았다. 토크빌과는 달리, 그는 이성과 분별력을 지닌 언어가

가치 있는 것을 현재의 투쟁으로부터 구하는 데 기여할 수 있으리라는 희망을 품고 그가 개인적으로 지니고 있던 가장 무서운 공포를 억누르려고 하지도 않았다. 그리고—말할 필요조차 없는 일이지만—미슐레와도 달리, 그는 투쟁이든 포상이든, 어떤 일에 대해서도 **열정**을 느끼지 못했다. 부르크하르트는 모든 일에 대해서뿐 아니라 자기 자신에 대해서까지도 아이러니했다. 실제로 그는 자신의 진심조차 믿지 않았다.

젊은 시절에 부르크하르트는 자유주의의 명분을 수용한 적이 있었다. 그는 조상들이 믿어 온 프로테스탄트의 신앙을 버린 다음, 자유주의 유산을 종교를 대신할 적합한 사상으로 생각했다. 그러나 그의 새로운 자유주의는—과거의 종교적 신념에서와 마찬가지로—, 실존적으로 수용한 것이 아니라 지적으로 수용한 것이었다. 그는 정치를 신사의 취향에는 맞지 않는 것으로 보고 경멸했다. 그가 고대 그리스인이나 르네상스기의 이탈리아인들에게 감탄한 바 있는 것이기도 하지만, 사업처럼 정치는 생활양식을 꾸준히 교화하는 것과는 다른 것이었다. "나는 선동가나 혁명가가 될 생각은 추호도 갖지 않을 것이다"라고 그는 1842년에 썼다. '자유주의의 행복기'로 불린 1840년대에, 부르크하르트는 예술사 · 음악 · 미술, 그리고 파리 · 로마 · 베를린 등지의 '아름다운 세계'에 관심을 돌리고 자신을 자유주의자로 자칭하기도 했으며, '자유의 정신'을 인류사의 가장 고귀한 개념이자 자신을 인도하는 신념으로 간주했다.

1840년대에 마감된 혁명들은 그의 신념을 뿌리째 흔들어 놓았다. 그가 대학교수 생활을 한 정든 바젤(Basel)은 시민 소요로 진통을 겪고 있었으며, 과거의 유럽 문화가 지니고 있는 값진 모든 것들이 급진주의자들에 의해서 흔들리고 말소되고 있다고 그는 생각했다. 그는 다소 화난 어조로 이 사건들에 대해서 다음과 같이 말했다. "이러한 형태의 일이 얼마나 명백하게 인간의 정신을 황폐화하고 인간으로부터 웃음을 빼앗아 갔는지 분명히 인식할 수조차 없다. 좋은 일을 할 수도, 말할 수도 없게 되었다." 그 사건들이 지나간 후에 그는 비통한 심정으로 다음과 같이 관찰했다. "자유라는 말은 풍요롭고 아름답게 들리지만, '인민'으로 불리기도 하며 시민의 불만을 자신의 눈으로 보고 또 직접 겪은 사람들인 대중, 영주처럼 거드름을 피우는 대중의 지배를 받는 노예 상태를 보지도 경험하지도 못한 사람은 어느 누구도 자유에 대해서 말할 수가 없다. (…) 나는 역사에 대해서 많이 이해하고 있으므로, 역사의 종말을 의미하는 미래의 폭정 외에는, 대중의 독재로부터는 아무것도 기대할 것이 없다고 생각한다."

교양 있는 자유주의자인 많은 동시대인들과 마찬가지로, 부르크하르트도 갑자기 연구실의 정적이 깨지고 벌거벗은 권력이 지배하는 생생한 시장의 현실에 직면하게 되었는데, 그 같은 정경은 그에게는 너무나 충격적이었다. "급진주의자들, 공산주의자들, 기업가들, 지식인들, 거만을 떠는 자들, 이성주의자들, 관념론자들, 절대주의자들, 철학자들, 궤변론자들, 국가, 광신자들, 이상주의자들, 그리고 모든 형태의 '주의자들(ists)'과 '주의들(isms)'로부터 완전히 벗어나고 싶었다"라고 그는 썼다. 그리하여 그는 젊었을 때 한 맹세를 다시 한 번 되풀이하게 되었다. "나는 한 사람의 선량한 개인이나 따뜻한 친구나 훌륭한 정신의 소유자가 되고 싶다. (…) 그러나 나는 사교와는 아주 인연이 멀다." 그리고 그는 그 맹세에 이어 다음과 같이 덧붙였다. "우리는 모두 멸망할지도 모른다. 하지만 내가 멸망한다 하더라도 적어도 나는 과거의 유럽 문화에 대해서만은 이해하고 싶다."

부르크하르트는 실제로 은둔 생활을 했다. 그는 바젤에 은둔해 진통을 겪고 있는 대학에 들어온 소수의 학생들을 가르쳤고 시민들에게 강연도 했으나, 학회와의 관계를 완전히 끊고 1860년 이후부터는 출판조차도 거부했다. 그렇지만 그때에 이미 그의 명성은 높아져 있었다. 높은 지위를 주겠다는 제의가 잇따랐지만, 그는 그것들을 모두 거절했다. 그는 라인 강 상류의 전망 좋은 곳에서 파국을 향해 치닫고 있는 유럽을 내려다보고, 자유주의의 실패를 살핀 다음 그 원인을 진단했으며, **허무주의**에 입각해 자유주의의 결과를 예견했다. 그러나 그는 자신이 투쟁에 참여하는 것은 거부했다. 그는 환멸에 젖어 앞으로 닥쳐올 재난의 징후와 마찬가지로 미래의 위기도 정확하게 예견한 사회와 역사 이론을 다듬었다. 그는 세상으로부터의 자신의 은둔을, 앞으로 닥쳐올 혼란에 대한 무거운 책임으로부터 벗어나고자 한 행동으로 이해했다. 궁극적으로 유럽의 문명을 전체주의의 폭력이라는 심연으로 몰아넣을 권력에 대항하지 못한 것은, 실제로는 유럽 문화인의 패기의 결핍을 반영한 것에 지나지 않았다.

부르크하르트의 역사에 관한 주요 저작은 생전에 출간된 《콘스탄티누스 대제 시대(Die Zeit Constantins des großen)》(1852), 《이탈리아 르네상스의 문화》(1860)와, 사후에 그의 강의 노트를 바탕으로 해서 출간된 《그리스 문화사(Griechische Kulturgeschichte)》와 《세계사 고찰(Weltgeschichtliche Betrachtungen)》이다. 문화의 몰락에 관한 연구서인 《콘스탄티누스 대제 시대》는, 로마제국의 몰락과 앞으로 닥칠 유럽 문명의 종말 사이의 비교를 의도적으로 상기시킨 것이었다. 《이탈리아 르네상스의 문화》는 근대 학문을 통해서 알려진 바와 같이, 문화의 개화기에 해당되는 시대의 초상을 성실하게 그려낸 **역작**이었다. 그러나 하나는 몰락에 대해서, 그리고 다른 하나는 재생에 대해서 서술한 이 두 저서는 모두 하나의 문제를 다루었다. 위기의 시대에 처한 문화의 운명, 그리고 부르크하르트에게는 종교와 국가로 인식된, 세계사의 거대한 강제력에 의한 문화의 종속과 그로부터의 해방이라는 문제가 그것이다. 《콘스탄티누스 대제 시대》는 중세의 종교적 구속력에 의해서만 제약을 받을 뿐 고대 세계의 절대 국가의 지배로부터는 자유로운 문화를 고찰한 것이었다. 그리고 《이탈리아 르네상스의 문화》는 종교 정신의 파산과 18세기의 근대적 권력 국가에 선행한, 르네상스의 개인주의적 문화의 개화를 다룬 것이었다.

부르크하르트의 책 속에서 문화의 대표자들인 주인공들은, 언제나 세계에 대한 내면적인 시각에 지배되고 현세적인 미덕의 개념을 초월한 역동적인 개인들이었다. 그들은 (부르크하르트 자신처럼) 세상으로부터 은퇴해 은밀하게 자율적인 인격을 교화하는 데 힘쓰거나, 완전한 의지 작용에 지배되는 인간의 일상적 조건을 초월해 세계를 자신들의 창조적 자아의 지배 아래 두려고 했다. 부르크하르트는 전자의 유형을 고대 그리스의 피타고라스학파와 중세의 은둔자들에게서 찾고, 후자의 유형을 르네상스기의 예술가들과 군주들에게서 찾았다. 요컨대 부르크하르트의 일반적인 테마는, 《세계사 고찰》에서 충분히 이론적으로 다룬, 위대한 개인과 사회의 구속력 사이의 상호작용에 있었다.

부르크하르트는, 모든 것을 설명하고 모든 것을 미리 짜 놓은 지적 체계 속에 집어넣은 '세계 계획(Weltplan)'을 전파하려고 한 헤겔이 하나의 '역사철학'을 지니고 있다는 사실을 부정하고, 그를 공개적으로 경멸했다. 그런데 서한집에서 부르크하르트는, 보편적 목적이 헤겔의 그것과 거의 동일하고, '역사철학' 역시 기묘하거나 생동력이 거의 없는데도 불구하고 텐(H. A. Taine)을 찬양했다. 부르크하르트에게 헤겔과 텐의 근본적 차이는, 헤겔의 역사철학이 급진적 결론을 받아들이기 쉽고 또 사실 그러했던 데 반해, 텐의 역사철학은 급진적 결론들을 받아들이지 않았다는 데 있었다. 실제로 부르크하르트가 랑케의 예를 통해서도 충분히 알고 있었던 것처럼, 역사철학의 가능성을 부정한 것은 다른 형태의 특수한 보수주의 철학을 확립하려는 의도에서였다. 왜냐하면 역사철학의 가능성을 부정하는 것은, 사건의 패턴을 발견하려는 이성의 능력이나 어떤 패턴을 사건들 위에 올려놓으려는 의지의 당위성을 다 같이 부정하는 것이기 때문이다. 그의 스승인 랑케처럼, 부르크하르트도 역사를 당시의 정치적 분쟁으로부터 해방시키고자 했으며, 적어도 역사 연구—사실은 보수주의의 명분에 기여할 따름인 역사 연구—가 초래한 정치적 교리를 역사 연구가 배제하고 있다는 사실을 보여 주고자 했다. 그리하여 부르크하르트는 랑케의 '역사철학'을 역사의 '이론'이라고 불렀으며, 그것을 설명과 분석의 목적 때문에 사료를 '자의적으로' 배열하는 데 불과한 것이라고 설명했다. 그의 염세주의가 그로 하여금 사건에는 어떤 '성격'도 존재하지 않는다는 가설의 사치조차 용인하지 않았으므로, 그는 사건에 '실질적인 성격'을 부여하려는 기도조차 할 수가 없었다. 이 염세주의는 쇼펜하우어의 철학을 통해 부르크하르트의 정신 속에서 지적 근거를 찾게 되었다. 포이어바흐(L. Feuerbach)가 마르크스나 정치적 좌파에게 한 것과 같이, 쇼펜하우어는 부르크하르트와 정치적 우파에게 영향을 끼쳤다.

역사의식의 토대로서의 염세주의

쇼펜하우어처럼 부르크하르트도 자신의 시대에는 올

바르게 평가받지 못했다. 많은 역사가들은 그가 너무나 무책임했고 주관적이었으므로 그들의 주의를 끌지 못했다고 느꼈다. 부르크하르트라는 별이 떠오르기 시작한 것은, 랑케의 방법이 해답을 제시하지 못한 채 많은 의문만을 남겼다는 사실이 명백해지고, 사상가들이 마르크스의 태도와 쇼펜하우어의 태도 가운데서 그 어느 것을 선택하지 않으면 안 되게 되었음을 깨닫기 시작했을 때인 19세기 말엽에 이르러서였다. 역사를 자기중심적인 예술 작업으로 간주한 쇼펜하우어적인 이 염세주의자가 이때 비로소 제자리를 찾은 것은, 부르크하르트와 19세기 후반의 학문이 우리에게 무엇인가를 시사하는 바가 있기 때문이다.

부르크하르트의 역사관이 마지막으로 인정을 받은 시기는 붕괴와 몰락의 의식으로 특징지어진 시대였으면서도, 그 사실을 인정하지 않으려는 시대임과 동시에 일종의 마취제로서의 예술 개념 속에 도피처를 찾은 시대이기도 했다. 당시 니체는 이미 쇼펜하우어 철학의 핵심에 있는 결함을 발견하고, 그것을 오직 삶에 대한 공포로 이해하도록 모든 사람에게 폭로했다. 그는 그 속에 포함된 위험성을 부르크하르트에게 경고하려고 했는데, 부르크하르트의 역사가 마르크스와 랑케의 경향들과는 대립되는 새로운 사회 개념의 방법을 제시하고 있었지만, 그것만으로는 불충분하다는 사실을 지적했다. 부르크하르트는 니체의 비판에 응답하기를 거부했다. 때로는 이것이 무익한 철학 논쟁에 끼어들지 않으려는 뜻에 따른 것으로 찬양할 수 있겠으나, 사실 그러한 의도는 전혀 없었다. 부르크하르트는 어떤 형태의 논쟁도 싫어했으므로 지적 논쟁에 끼어들지 않았다. 쇼펜하우어는 그에게 흥분은 무익하며, 행동과 마찬가지로 사상에서도 자신을 즐겁게 하는 것만 행하는 사람이 현명하게 산다는 사실을 가르쳐 주었다.

풍자 형식

부르크하르트는 그의 유명한 저서《이탈리아 르네상스의 문화》를 다음과 같은 서론으로 시작했다.

> 가장 엄밀한 용어상의 의미에서 본다면, 이 책에는 에세이라는 명칭이 붙어야 한다. (…) 보는 관점에 따라서는 특정한 문명의 윤곽이 다른 모습으로 나타날 수도 있을 것이다. 그리고 우리 문명의 모체이며 아직도 우리에게 영향을 미치고 있는 문명을 취급하면서, 개인의 판단이나 감정이 언제나 저자와 독자에게 개입되는 것은 불가피한 일이다. 우리가 출범하려는 넓은 바다에는 여러 가능한 방법과 방

향들이 있다. 이 책을 쓰는 데 이용한 연구는 다른 사람들에게 전적으로 달리 취급되고 적용될 수 있을 뿐 아니라 본질적으로 다른 결론을 끌어낼 수도 있을 것이다.

[《이탈리아 르네상스의 문화》, p.1～2]

그렇다면 그의 본래 의도는 '르네상스의 예술'이라는 특정한 장을 이 책 속에 포함시키려는 데 있다고 볼 수 있겠으나, 그는 결국 그렇게 하지 못했다. 그리고 그는 더 이상의 서론을 쓰지 않고, 르네상스 문화와 학문을 분석하는 데 따른 머리말로서 12～13세기의 이탈리아사를 서술했다.

서론에 이은 내용은 한 인상파의 거장이 그린 그림에 관한 탁월한 개관이었는데, 그 개관을 통해서 이탈리아 정치 발전의 주요한 경향들이 선명하게 드러난다. 이탈리아 도시국가사의 일반적인 윤곽이 묘사되고 국제정치의 성격이 지적되었을 뿐 아니라, 당시의 정치 생활에 나타난 독특한 성격이 박진감 있게 요약되었다. 이것이 〈예술품으로서의 국가〉라는 표제가 붙은 유명한 첫 장의 내용이다. 르네상스기의 전쟁의 성격과 이탈리아 정치 생활에서의 교황권이 지닌 지위에 대해서 간결하게 논한 뒤, 그는 당시의 애국심에 나타난 성격을 간명하게 규정함으로써 그 장을 완결했다. "당시의 개화된 정신을 통해서 애국적인 혐오와 대립을 불러일으키려 한 것"이 이탈리아 정치 생활의 성격에 대한 중심 개념이었다. 부르크하르트는 이탈리아의 정치 상황을, 독일 · 프랑스 · 스페인의 그것과 대비시켰다. 이들 국가는 각기 싸우고 또 상대국에 맞서기 위해서 군주가 인민을 단합시켜 봉건적인 혼란으로부터 벗어나 통일을 이룩해야 할 사명을 지닌 대외적인 적대 관계에 있었다. 그러나 이탈리아에서는 사정이 달랐다. 이탈리아에는 일종의 '교회 국가'인 교황청이라는 존재가 '민족 통일의 영원한 장애물'로 남아 있었다. 이처럼 이탈리아의 정치 생활은 단일화와 통일의 기회를 잡지 못하고 있었다. 당시에도 민족 통일의 개념이 이탈리아에서 받아들여지고 있었으나, 그것은 너무나 때늦은 것이었다. 이탈리아에는 프랑스인들과 스페인인들이 들끓고 있었다. 애향심이 순수한 민족 감정으로 전환된 것이라고 말할 수도 있겠으나, 부르크하르트가 말한 바와 같이 그것은 "너무나 조잡한 대응물"에 지나지 않았다. 그 장은 이같이 기회가 상실되고 민족의 목적이 배반당하고 시류를 놓치고 고귀한 과제가 무시되었다는 의식을 반영한 우울한 논평으로 끝맺고 있다.

〈예술품으로서의 국가〉라는 표제가 붙은 장은 여섯 장 중의 하나로서, 각 장은 르네상스기 이탈리아의 다양한 문화적 양상, 물론 넓은 의미로 인식된 문화 — 즉 예절, 사회적 관습, 법률 · 종교 · 문학 · 드라마 · 축제 · 의식 등 — 에 대한 분석으로 구성되었으며, 언제나 풍부한 자료로 뒷받침된, 폭넓은 특징을 지닌 인식의 틀에 유의한 것이었다. 〈개인의 발전〉, 〈고대의 부활〉, 〈세계와 인간의 발견〉, 〈사교와 축제〉, 〈도덕과 종교〉 등의 표제가 그것을 가리키고 있다. 이같이 그 책은 정치와 종교의 세계를 '문화'에 의해서 결정된 것으로 본 것이지만, 후에 《세계사 고찰》에서 그가 분석한 것과 유사한 항목들로 구성되어 있었다. 부르크하르트의 견해에 따르면, 르네상스기는 '문화적'인 요소가 정치와 종교에 예속되고, 형식에 놀아나고 지배되고 결정되는 것을 전적으로 배제한 시대였다. 인간 존재의 세속적 영역에서 문제가 되는 모든 것이 예술로 변형되었으며, 그러한 예술은 예술 고유의 숭고한 형식이나 실제적인 관심과 미학적 관심 간의 완전한 결합을 추구하는 데 있었다고 말할 수 있다. 사회생활에서 문제가 되는 모든 것은, 한편으로는 실용성에 기여하는 데서 벗어나고, 다른 한편으로는 초월적인 열망에서 벗어나는 것이었다. 모든 것은 사물의 본질적 모습을 완전히 파괴해 버린 고찰에 의해서 왜곡되지 않은, '본질적'인 것을 추구하는 데 있었다. 그 결과 사물은 **명백히** 보이게 되었으며, 삶은 오직 형식적인 일관성을 달성하는 것이 되어 버렸다.

그렇지만 부르크하르트가 다룬 각 주제－개인주의, 고대의 부활, 인문주의, 사교 및 종교－에 대한 설명은 정치에 관한 장과 마찬가지로 우울한 논평으로 끝맺고 있다. 이 우울한 논평은, 황혼에 신심이 깊은 신앙인으로 하여금 경건한 마음을 불러일으키는 만종과도 같은 것이었다. 그 주제는 대표적인 인물이나 중요한 사건을 통해서 완전히 파악되도록 인도되고 전개되었지만, 그것은 다만 인간적인 모든 것이 무(無)로 돌아간다고 파악한 회상자에 의해서 구성된 것이었다. 개인의 발전에 관한 장은 교활하면서도 '아이러니한' 아레티노(P. Aretino)를 고찰하는 데서 끝나고 있다. 아레티노에 대해서 부르크하르트는 다음과 같이 논평했다.

> 그러한 성격이나 경력을 지닌 인물이 전혀 불가능해진 것은, 현재의 이탈리아 정신에는 좋은 징후다. 그러나 역사적으로 고찰하면, 아레티노는 언제나 중요한 고찰의 대상이 될 것이다.
>
> [《이탈리아 르네상스의 문화》, p. 103]

〈고대의 부활〉에 관한 장은, 이탈리아 문화에 대한 인문주의자들의 통제의 상실과 문화가 초래한 문화의 세속화에 대한 논평으로 끝나고 있다. 결론 부분에 해당되는 간략한 글은 다음과 같은 함축적인 논평으로 끝맺고 있다. "이탈리아 연극의 운명과, 후에는 오페라의 운명조차 오랫동안 이들 (지방) 단체의 수중에 들어 있었다." 〈사교와 축제〉, 〈도덕과 종교〉의 장은 피코 델라미란돌라(G. Pico della Mirandola)의 유명한 〈인간의 존엄성에 관한 연설〉에서 인용한 글로 끝나고 있다. 그 연설은 그 자체만을 두고 본다면, 인간성에 대한 그의 고귀한 사상이 얼마나 후세로부터 인정받지 못했는가를 시사하고 있을 뿐이다. 이와는 대조적으로 〈도덕과 종교〉의 장은 위대한 로렌초(Lorenzo the Magnificent)의 다음과 같은 말로 끝나고 있다.

청춘은 아름다우나
얼마나 덧없는 것인가!
기뻐할 자 누구인가, 그대로 두라
내일은 불확실한 것뿐이니.

[《이탈리아 르네상스의 문화》, p.260]

그 책을 끝맺고 있는 〈도덕과 종교〉라는 장은, 전체적인 연구 주제에 대해서는 아무런 일반적 요약도 없이, 다만 '회의(懷疑)의 일반적 정신'에 관한 논의, 피치노(M. Ficino)의 플라톤 사상, 플로렌스 아카데미에 대한 고찰만으로 끝나고 있다.

> 여기에서 중세의 신비주의의 반향이 플라톤 철학이나 근대 고유의 정신과 합류하게 된다. 세계와 인간에 관한 지식의 귀중한 한 열매가 여기에서 성숙하게 되는데, 이러한 설명만으로도 이탈리아의 르네상스는 마땅히 근대의 지도자로 불려야 한다.
>
> [《이탈리아 르네상스의 문화》, p.341]

르네상스에 관한 부르크하르트의 '에세이'는 이런 식으로 종결되었다. 그 에세이는 그에 합당한 머리말이나 종결 부분뿐 아니라 적어도 한 편의 드라마로서의 마무리나 해결에 해당되는 종결도 없다. 그것은 완전히 **과도적인 것**이었다. 그리고 실제로, 그 에세이는 표면상의 주제인 '르네상스'보다 그 이전(중세)이나 그 이후의 사실들에 대해서 더 많이 언급했다. 오히려 그 에세이는 이탈리아의 르네상스에 대해서는 별로 언급하지 않았다고 하는 편이 좋을 것이다. 왜냐하면 이 '에세이'는 풍부한 자료, 통찰력, 탁월한 개요, 그리고 문화적 개화기의 이상과 현실의 괴리에 대한 날카로운 평가로 구성된 것이었기 때문이다. 그러나 거기에는 르네상스에 관한 어떤 '이야기'도, 르네상스의 본질을 간략하게나마 규정한 어떤 일관된 '전개'도 없었다. 실제로 부르크하르트가 《역사와 역사가들에 대한 고찰》에서 명백히 밝힌 바와 같이, 그의 강연은 **혁명기**에서의 그의 진로와 일종의 막간극, 즉 대립되는 위대한 두 시대—문화와 정치가 종교의 지시에 종속된 중세와, 문화나 종교가 점차 국가나 정치권력의 지시에 종속되어 간 근대라는 두 시대—사이의 **막간극**으로 설명되는 르네상스에 초점이 맞추어진 것이었다.

이렇게 인식할 때, 르네상스는 두 폭군 사이의 막간극에 나타난 문화적 요소가 충분히 발휘된 것에 불과한 것이라고 할 수 있다. 문화적 요소가 충분히 발휘되었기 때문에, 르네상스는 중세나 근대와 동일한 형태의 분석에 종속될 수가 없었다. 르네상스의 산물은 실제로 존재한 산물의 시각에서만 그 개성이 파악될 수 있으며, 유일한 **설명적**—이야기가 아닌—목적인, 광범하고도 보편적인 인식의 틀을 통해서만 이해될 수 있다. 르네상스가 어디에서 시작해서 어디에서 끝났는가를 쉽게 분간할 수가 없다. 르네상스의 산물은 두 개의 가파른 절벽 사이에 흐르고 있는 파도와도 같은 것이었다. 르네상스는 종말이라기보다는 오히려 침전물에 불과했다. 르네상스 말기의 (들리지는 않지만 그렇다고 완전히 정지된 것도 아닌) 쇠잔한 맥박은, 르네상스의 활기 찬 다양성과 광휘와 풍요로움과는 공존할 수 없는 완고한 권력자가 심술궂게 건조한, 석조 방파제에 부딪치는 파도의 철썩거림과도 같은 것이었다. 부르크하르트의 견해에 따르면, 이 방파제가 바로 프랑스 혁명이며, 그것은 유물론과 속물근성(philistinism)과 '근대'의 범용성(banality)으로 구성되어 있었다.

르네상스에 관한 부르크하르트의 그림은, 코시모(P. di Cosimo)나 라파엘로(Raffaello)의 그림의 주제와 번존스(E. C. Burne-Jones)나 로세티(D. G. Rossetti)의 졸린 듯한 광선에 젖어 있는 그림을 합친 것을 연상시킨다. 그 색조는 애수를 띠지만, 그림의 주제는 조야하면서도 기품이 있었다. 주제로서의 '사실주의'는 조야하고도 강렬한 것을 표현함으로써 형성된 것이지만, 독자는 아직도 인간의 불완전성이 쌓여 만들어진 결정체 위에서 핀 꽃을 연상할 것이다. 그렇지만 그 목적은 아이러니하다. 그 저서의 도처에 나타나 있는 성취와 광휘의 시대에 내포된 무언의 안티테제는, 역사가 자신이 처한 음울한 세계, 즉 19세기 후반의 유럽 사회였다. 비교해 보면 알겠지만 중세는 근대와 동일한 방법으로 고통을 겪지 않았다. 르네상스는 근대의 세계가 **아닌** 그 모든 것이었다. 오히려 근대는 인간성이라는 모든 특징이 일방적으로 발전한 것임을 드러내 주고 있으며, 그 같은 인간성은 이미 르네상스의 위대한 문화적 업적을 통해서 승화되었다. 근대는 인간 **상실**의 산물이다. 1600년에서 1815년에 이르는 사이에 그 무엇인가가 잘못되어 갔으며, 이 잘못된 '그 무엇'이 바로 '문화'다.

역사 과정의 '통사론'

1865년에서 1885년까지 바젤 대학에서 행한 근대사 강의에서 부르크하르트는, 16세기를 개시(開始)의 시대로 고찰했다. 그 시대는 일련의 "전이(metastasis)", 말하자면 권력의 급격한 불합리한 교체나 사회적 실체의 어떤 기관이나 부분이 다른 기관이나 부분으로 이동하는 징후라는 전이를 수반하게 되었다고 그는 주장했다. "전이"에 관한 이 개념이 부르크하르트의 역사적 사고의 중심적 **은유**였다. 그는 이러한 변이와 변화를 설명하려고 하지 않았다. 그것들은 신비로운 것이었다. 그 원인은 규정할 수 없는 것이지만 그 결과는 명백했다. 이것이 바로 역사가 왜 그 같이 발전했는가를 명백히 설명할 수는 없다 하더라도, 적어도 연대기적 기록을 동떨어진 단편들과 사건의 영역으로 분리할 수 있는 이유다. 예를 들면, 14세기에 새롭고도 신기한 일들이 이탈리아의 도시국가에서 일어났던 것처럼, "프랑스 혁명 전의 마지막 수십 년 동안에도 전혀 새로운 형태의 사건과 인물들이 존재했다". 이것은 대체로 르네상스와 프랑스 혁명 사이의 시대가, 궁극적으로는 규정될 수 없는 것임에도 불구하고, 르네상스 그 자체와 마찬가지로 지각할 수 있는 동일한 형태의 통일성을 지니고 있음을 의미한다. "1450년 이후의 근대 세계의 신기원을 이룬 위대한 출발과 관련지어 볼 때 르네상스는 하나의 연속이지만, 혁명의 시대와 연관시켜 볼 때는 과거의 종결이며 앞으로 닥쳐올 시대의 준비 기간이기도 하다." 그것은 또한 하나의 '막간극', 차라리 하나의 '삽화'라고 해도 좋을 것이다.

그러나 혁명의 시대는 토크빌과 마찬가지로 부르크하르트에게도 "새롭고도 무서운 일"이었다. 혁명은 "처음에는 모든 이상과 열망을, 다음에는 모든 열정과 이기심을 분출시켰다"고 그는 말했다. 혁명은 영원히 모든 압제의 모델로서 기여할 압제를 유산으로 물려주고 또 그렇게 실천했다. 이 새롭고도 무서운 일의 발생으로 인해서 "얻은 것은 무엇이며, 잃은 것은 무엇인가"를 분석하고자 한 토크빌의 시도 같은 것은 부르크하르트에게서는 전혀 찾을 수가 없다. 부르크하르트에게 혁명은 모든 것의 상실이었다. 토크빌이 논평한 시대를 되돌아보고 그는 다음과 같이 말했다.

> 분명히 우리가 태어나서 자란 30년 동안에, 혁명은 이미 그 무엇인가를 성취했기 때문에 객관적으로 기술할 수 있다고 믿어도 좋게 되었다.
> 그 시기에 잘 서술된, 이제는 고전적인 것이 되어 버린 저서들이 출간되었는데, 그 저서들은 1789~1815년에 이르는 시기를 분명히 하나의 완성된 시기, 불공평하지만 정중하면서도 조용히 설득하려고 노력한 시기였다는 일반적인 견해를 표현하고 있었다. 그렇지만 지금 우리는 1789년 이래 인간성을 뒤흔들어 놓은 바로 그 폭풍우가 앞으로 우리에게도 불어닥치리라는 것을 알고 있다. 우리는 선한 신념 속에 내포된 우리의 공정성을 확언할 수가 있지만, 아직도 극단의 편견에 무의식적으로 마음을 빼앗기고 있다.
>
> [《역사와 역사가들에 대한 고찰》, p.225]

왜냐하면 "프랑스 혁명을 통해서 세계에 나타난 새로운 결정적인 사실은, 공공복리라는 목적을 가지고 상황을 개혁하려는 마음과 의지이기 때문이다". 그 결과 정치는 가장 높은 지위로까지 부상했으나, 무정부 상태와 폭정, "변혁에의 욕구 때문에 끊임없이 위험에 빠뜨리고 정치 형태를 파괴해 버린 전체적인 반동으로서의" 무정부 상태와 폭정을 제외하고는, 정치를 이끌어 갈 어떠한 원리도 거기에는 없었다.

이 '악령'이 그 배후에 도사리고 있는 충동이 바로 '인간의 선성(善性)'에 대한 '환상'이었다. 이상주의자들이 그들의 욕구와 환상을 미래에 대한 찬란한 포부 위에서 증폭시켰는데, 미래에 대한 이러한 포부를 통해서 정신세계가 자연과 조화되고 사상과 삶이 하나가 되었다. 그렇지만 이 모든 것은 '환상'의 산물에 불과하다고 부르크하르트는 말했다. 사실주의자는 더 잘 알고 있겠지만, 역사가들은 적어도 '소망하는 것'은 그 외에 아무것도 창조하지 못한다는 사실을 알고 있을 것이다. 부르크하르트의 목적은 이 환상들을 분쇄하고, 인간의 의식으로 하여금 인간 자신의 관계와 유한성과 현세에서의 행복을 찾는 데 인간이 무력하다는 사실을 깨닫게 하는 데 있었다. "모든 소망을 대신할 우리의 과제는, 가능한 한 우리 자신을 어리석은 쾌락과 공포로부터 해방시키고 무엇보다도 역사의 발전을 이해하도록 하는 데 있다"고 그는 말했다. 객관성은 모든 역사적 방법 가운데서도 가장 어려운 방법일 뿐 아니라 "모든 과학 중에서도 가장 비과학적인 것"이기 때문에, 그리고 우리는 현재 숱한 파도에 밀려 표류하고 있는 고장난 배 위에 있음을 다소나마 깨닫고 있기 때문에, 그는 이 과제가 난제임을 인식하고 있었다. 그는 청중에게 "우리 자신이 이 파도의 한 부분이라고 말할 수도 있을 것이다"라고 상기시켰다. 그렇다면 우리가 기대할 수 있는 최상의 것은, 분명히 예견하는 데 있는 것이 아니라, 혁명과 더불어 시작된 역사의 마디에서 우리가 처한 **위치**의 향방에 있다고 할 것이다. 역사를 이해하는 데 우리가 취해야 할 형식은 "심하게 풍우가 몰아치는 바다 가운데서 우리가 어느 파도에 밀려 표류하고 있는가를 확인하는 것에 지나지 않는다".

파도와 전이, 이 두 이미지가 역사 과정에 대한 부르크하르트의 개념을 요약하고 있다. 파도의 이미지는 끊임없는 변화의 개념을 시사하고 있으며, 전이의 이미지는 충동들 사이에 연속성이 결여되어 있음을 시사하고 있다. 그의 개념은 순환적이다. 거기에는 멸망 이후의 어떤 **필연적**

인 회복도 없다. 그러나 **멸망**은 필연적이며 적어도 어떤 경우에는 필연적이다. 역사에서 반드시 설명되어야 할 것은 문화적 광휘와 업적의 계기다. 문제가 되는 것은 바로 그 계기다.

힘에의 의지(정치적 성취의 토대)와 구원에의 욕구(종교적 언약의 토대)에 대해서는 설명할 필요조차 없다. 그것들은 인간성의 **근본적** 토대다. 또한 그것들은 특정한 문명의 양과 질에 대해서처럼 끊임없이 밀려오고 밀려간다. 이와는 대조적으로 문화는 그 계기에서 단속적이며 누적적이다. 말하자면 문화는 질적으로 동등한 광휘의 계기와 시각의 명징성을 만들어 내지만, 그 계기는 무수해서 끊임없이 인간의 정신을 확장시키는 결과를 가져다준다. 그러나 '강압적'인 권력과 국가와 종교가 약화되어 문화의 가장 내면적인 충동을 꺾을 수 없게 될 때, 그리고 물질적인 조건이 문화를 꽃피우기에 알맞은 때에만, 문화는 번영할 수가 있다.

역사의 '의미론'

부르크하르트가 평가한 바에 따르면, 이러한 것이 바로 이탈리아 르네상스기에 일어난 사실이다. 이 문화의 개화기에 대한 어떤 형식적인 설명도, 강압적 권력이 약화될 때 성숙하는, 인간성에 내재한 불변의 계기로서의 문화의 일반적 개념만을 제시해 주고 있을 뿐이다. 말하자면 여기에는 하나의 부정적 조건만이 제시되고 있다는 것이다. 교회와 국가가 이탈리아에서는 동시에 약화되었기 때문에, 이 두 가지를 약화시킨 천 년 동안에 걸친 대립의 결과로서 문화가 성장 · 확대 · 개화할 수 있었다는 것이다. 그러나 문화의 개화는 그 자체가 신비이거나 신비스런 모습으로 나타난다. 문화의 발생은 영혼의 가장 깊숙한 곳의 울림에 뿌리를 두고 있으며, 예술에서는 특히 그러하다.

> 예술은 영혼에 전달된 신비로운 울림에서 발생한다. 이 울림의 파장은 개인적이며 현세적인 데서 그치며, 거기서는 상징적으로만 의미 있는 영원한 모습을 띠게 된다.
>
> [《폭력과 자유(Force and Freedom)》, p.127]

국가로 대표되는 현실 생활이나 종교로 대표되는 환상적인 생활과 더불어 문화는 "제2의 이상적인 창조물, 지상에서 유일한 영속적인 것, 지상에서의 불멸성, 모든 민족의 언어를 제고한다". 이 "이상적인 창조물"의 외적인 형태가 물질적이기 때문에, 시간이 가져다주는 황폐화라는 제약을 받기는 하지만 이것이 자유와 영감, 그리고 근원적으로는 영감을 불러일으키는 이미지를 '정신적으로 통합'하는 데 필요한 유일한 부분이다. 실제로 부르크하르트는 예술이란 발췌, 개요, 단순한 암시에서까지도 역시 예술이므로, 이 부분은 특히 호소력이 강하다고 주장했다. 뿐만 아니라 우리는 유추의 도움을 받아 부분들로부터 전체를 지각할 수가 있다.

부르크하르트가 다룬 언어는 아이러니의 언어였으며, 그것은 표현 형식이나 지향하는 내용 모두가 가장 고귀한 가치를 지닌 것에 관심을 두고 있었다. 그리고 르네상스를 설명하는 부르크하르트의 방법은 고고학적인 발굴로 끌어모은 파편 더미를 관찰하는 감정가의 방법이었으며, 부분으로부터의 '유추에 의거해서' 지각하는 것이었다. 그러나 그 맥락의 형태는 규정되는 성질의 것이 아니라 다만 암시를 받는 형태의 것이었다. 그것은 칸트가 주장한 바와 같이, 우리의 과학을 설명하기 위해서 반드시 전제되어야 하지만 그에 대해서는 아무것도 말할 수 없는 '물자체(things in themselves)'와도 같은 것이다. 부르크하르트가 청중에게 행한 **강의**의 목소리는 아이러니스트의 그것으로, 청중들보다는 훨씬 고차원적인 지혜의 슬픈 가락을 띤 현자의 목소리였다. 그는 그의 연구 대상인 역사의 장을 아이러니하게도 포착하기 어렵고 규정할 수도 없는, 오직 세련된 지성만이 지각할 수 있고 폭풍으로도 붙잡을 수 없으며 너무나 지고하기 때문에 무시되는 기묘한 장으로 **보았다**. 역사적인 대상의 세계를 그는 문자 그대로 '사투라(Satura)', 잡탕 요리든 잡동사니든 간에, 근본적인 맥락과는 동떨어져 있을 뿐 아니라 그 맥락조차 수많은 다양한 방법으로 결합되고, 또 수많은 다양한 모습과 수많은 타당한 의미를 지닌 단편들로 **이해했다**. 그는《폭력과 자유》에서 "결국 우리가 그린 역사의 그림은 대부분 완전한 허구다"라고 했다. 환상을 조장하거나 관심을 여기저기에 흩트려 버리는 방법으로 단편들을 하나로 묶을 수는 없지만, 여러 방법으로 그 단편들을 결합할 수는 있다. 그가 한 **이야기**는 아이러니한 것으로, 경구적 문체, 일화 · 익살 · 재담(1848년의 혁명은 '권태' 때문에 일어났으며, 나폴레옹은 자신의 '조바심' 때문에 패배했다는 설명 따위)으로 가득 찬 것이었다. 이 이야기의 **플롯 구성**도 아이러니한 것이었다. 말하자면 플롯 구성의 어디에도 사물이 일반적으로 지향하는 방향이나 법칙의 현현, 궁극적인 조화나 초월이 전혀 없었다는 것이다. 그는 인식론에서 보면 회의론자였으며 심리학에서 보면 염세주의자였다. 그는 당시에 팽배해 있던 힘이나, 그 힘들이 지향하고 있다고 생각한 방향에 대항하면서 씁쓸한 즐거움을 맛보았다. 그는 "결국 사물은 어떻게 될 것인가"를 예언하려 하지도 않고, 알 수 없는 시작과 예견할 수 없는 종말 사이의 모호한 시간 속에서 궁극적으로 의미 있는 어떠한 섭리적인 결말도 인정하지 않았으므로, 그가 표현한 바와 같은 '단순한 이야기(mere narration)'에 대해서는 아무런 관심도 갖지 않았다.

그러나 부르크하르트의 사상에 불변적인 것이 있다고 한다면, 그것은 그가 투쟁해야 할 적에 대한 것이었다. 그 적은 모든 아이러니스트들에게서와 같이 그에게도 '환상'이었으며, 그것은 다음과 같은 주요한 두 가지 형식으로 나타났다. 알레고리의 은유적인 환원과 형이상학적인 지나친 상징화가 그것이다. 실제로 문화 · 종교 · 국가가 삼중으로 작용하는 그의 형식적인 역사 이론은 그의 문화 이론을 반영한 것인데, 그의 견해에 따르면 그 문화 이론은 알레고리적 · 상징적 · 역사적 감각의 삼중 작용으로 구성되는 것이었다. 부르크하르트에게 사실주의라는 칭호를 부여한 내용의 정수를 형성하는 이 문화 이론은 어떤 형식적 이론 연구를 통해서 제창된 것도 아니며, 심지어는 그에 의해서 하나의 이론으로 받아들여진 것도 아니었다.

그렇지만 이 문화 이론은 1855년에 출간된 저서로서 이탈리아 예술품을 '즐겁게 감상'하기 위한 지침서이기도 한, 그의 《안내서(Der Cicerone)》에 나오는 이탈리아 회화에 관한 장 속에 아주 명확하게 표현되었다.

플롯 구성의 '사투라'

부르크하르트는 대체로 예술, 특히 이탈리아 예술의 감정가로서의 자신의 능력을 거의 의식하지 않은 채 역사가로서 서술했다. 이것이 그가 마음속에 가장 깊이 간직하고 있던 주제였으며, 그의 최초의 주요한 역사적 저작이며 부르크하르트 자신이 가장 공들여 저술한 역저라고 고백한 바 있는 《콘스탄티누스 대제 시대》가 출간된 이듬해에 구성된, '이탈리아 예술품 감상 안내서'라는 부제가 붙은 이탈리아 예술의 지침서인 《안내서》의 주제이기도 했다. 《안내서》는 부르크하르트에게 어떤 의미에서는 과거의 삶에 대해서 해내지 못한 역사적 대상에 대한 고찰에 아주 깊이 몰두할 기회를 제공해 주었다. 그에게 모든 예술 작품의 세계는 지각의 대상으로서 **직접적으로** 드러나는 것이었다. 예술품의 내용과 의미는 언어, 적어도 말로 표현하는 언어에 의해서는 전달되지 않는 것이었다. 사람들은 언어라는 매체가 무엇인지를 알지도 못하고, 그 의미를 파악하기도 전에 말부터 한다. 부르크하르트에게는 적어도 예술의 대상에 관한 한, 매체와 메시지는 축자적으로는 구분할 수 없었고 또 구분되어서도 안 되는 것이었다. 사람들은 오직 예술의 통일성을 통해서 예술의 대상과 마주쳐야 하고, 그 통일성 속에서 형식적 결합을 추출해야만 한다. 부르크하르트는 기록 그 자체가 기록들이 설명하고자 한 본질과는 아무런 관계도 없이 형식적으로 결합될 수도 있기 때문에, 역사 일반에 대해서도 유사한 작용이 가능하다고 생각하지 않았다. 예술의 대상은 자기 관조적이며, 고풍스런 성질 · 분위기 · 양식을 반영하고 있음에도 불구하고, 예술품을 감상하기 위해서 그 예술품이 만들어진 환경과의 인공적 관계라는 문제까지 고찰할 필요는 없었다. 실제로 《이탈리아 르네상스의 문화》에서 시각예술에 대한 고찰을 배제한 부르크하르트의 의도는, 탁월한 예술은 어떤 의미에서든 그것을 창조해 낸 외부 환경과 연관되고 있다는 개념을 분쇄하려는 그의 욕망을 반영한 것인지도 모른다.

르네상스기의 예술가들을 논평하면서 부르크하르트는 언제나 특정한 예술품의 내용이나 형식이 어느 정도까지 후원자들로부터 관심과 압력을 받아 만들어졌는가를 밝히는 데 관심을 두었다. 그러므로 중세 예술에 대한 그의 논평도, 위대한 예술가는 환경을 초월하지만 종교나 정치와 같은 예술 외적 압력을 받고 만들어진 예술은 한결같이 결함을 지니게 되었다는 개념 위에서 이루어졌다.

거의 '비역사적'이라고 표현해도 좋을 부르크하르트의 저작들이, 표면상으로는 거의 연대기적 원리로 구성되었다는 사실을 관찰하는 것은 흥미로운 일이다. 《안내서》는 건축 · 조각 · 회화의 세 부분으로 나누어져 있으며, 그 부분들은 쇼펜하우어의 미학에 의해서 '정신적으로' 고양된 위계적 체계로 기술되어 있다. 독립된 각 장은 고전 시대와 초기 그리스도교 시대의 고찰에서 바로크 시대까지의 고찰로 이어지고 있는데, 부르크하르트에 의해서 바로크 시대는 18세기까지 확대되었다. 그 이야기는 르네상스 성기로 대표되는 탁월한 상황에 이르는 점진적인 발전의 이야기임과 동시에, 이 세 분야에서 성취한 조화와 균형이 쇠퇴하고 붕괴되어 가는 이야기다. 그러나 마지막 시대는 비극적이기보다는 우수에 젖은 말들로 표현되고 있다. 이 세 분야를 끝맺고 있는 글의 전체적인 논조와 분위기는 애수를 띠며 우수적이다. 건축에 관한 장은 '별장과 정원'에 관한 서술[특히 코모 호(Lake Como)의 별장에 관한 간결한 서술]로 끝맺고 있으며, 조각에 관한 장은 카노바(A. Canova)에 대한 논평(특히 클레멘스 14세의 묘비에 관한 논평)으로 끝맺고 있으며, 회화에 관한 장은 푸생과 로랭(C. Lorrain)의 풍경화(특히 로마 평원의 풍경화)에 대한 고찰로 끝맺고 있다.

건축에 관한 장은 부르크하르트 애호가들에게 가장 직접적으로 영향을 끼쳤으나, 회화에 관한 장도 부르크하르트 자신이 역사 일반의 자료와 연관시키려 한 역사 감각과 이야기의 원리를 가장 잘 드러내 주고 있다. 초기 그리스도교 예술과 서구 예술의 비잔티움적인 양상은, 도그마와 권위가 당시 예술가들에게 요구한 단순한 기계적 모방을 지향하는 경향 때문에 열등한 것으로 간주되었다. 부르크하르트가 평가한 바로는, 로마네스크 시대의 예술은 본질적인 건강미를 드러낸 자료들이 단순한 이야기의 형식이라는 모습 속에 포함되어 있었음에도 불구하고, 근본적으로 신비스럽고도 상징적인 것으로 이해되었다. (북방 예술과 대조적인) 이탈리아 예술에서 고딕 시대는 르네상스기에 개화된 자연주의의 탄생을 알리는 신호로 설명되었다. 회화는 여전히 종교에는 봉사하고 있었지만, 건축에 봉사하는 것으로부터는 해방되었다. 특히 조토 디본도네(Giotto di Bondone)에 의해 회화의 독특한 표현의 잠재력이 발전했는데, 부르크하르트에 따르면 조토야말로 미켈란젤로와 라파엘로의 탁월한 업적의 기초를 닦은 인물이었다.

조토의 업적은 근본적으로 '관념적인 미를 표현하려는' 목적이나 '사실적인 기법의 힘'에 의해서 규정될 수 없는 것인데도, 실제로는 이 두 가지 사실 때문에 동시대인이나 근대의 예술가들보다도 탁월한 것이었다. 오히려 그 업적은 이야기하는 '화자'로서의 그의 능력에 의존한 것이었다. 조토는 "이야기를 명백하고도 단순하며 아름답게 만드는 데 필요한 것을 제시했다". 이와 같이 조토는 부르크하르트에게는 **역사적**인 무대에 우뚝 선 거장으로, 그리고 그리스도와 성 프란시스코의 생애나 당대 사람들이 실제로 역사적 사건에 관여한 교회의 삶에 나타난 사건들의 화자로 나타났다. 파도바(Padova), 아시시(Assisi), 그리고 다른 모든 지역의 프레스코화나 패널화의 대가들은 오직 이야기를 설명하는 목적으로서만 존재한다. 그들은 근본적으로 성상을 그리는 기능인으로서의 역할을 맡지 않는다. 그들은 자신들의 그림 외에는 그 어떤 것도 **지적하거나** 암시하지 않는다. 그들 속에 내재한 모든 것은 **그림 속의 행위**를 이야기하거나 설명하기 위해서 존재한다. 분명히 **알레고리적** 요소는 단테의 경우에서와 거의 마찬가지로 조토의 예술에서도 완전히 배제되고 있지는 않다. 부르크하르트의 견해에 따르면, 이 정도의 알레고리는 지극히 미약한 것으로서 빠져나올 수 없을 정도로 알레고리의 위험성을 드러낸 것은 아니었다. 주제를 은유적으로 타락시키려는 경향을 지닌 이러한 알레고리의 요소는, 부르크하르트가 설명한 바와 같이 여전히 르네상스 예술에 대한 위협으로 남아 있었다. 라파엘로는 알레고리의 요소를 그의 예술을 통해서 다스리고, 알레고리의 제물이 되기보다는 오히려 자신의 목적을 위해서 이용했으므로, 르네상스의 가장 대표적 존재가 되었다. 부르크하르트에게는 알레고리야말로 '신비로운' 요소에 종속된 것으로, 바꾸어 말하면 '시각'의 결여, 즉 지각의 결여를 드러낸 것이었다.

반은유(Anti-Metaphor)

현실을 명백히 지각하고 그것에 전체성을 부여하려는 시도에서 신비로운 것이 승리를 거두게 되는 시발이 은유인데, 부르크하르트가 평가한 바에 따르면 은유는 언제나 예술과 진리를 파괴한다. 그리하여 그는 조토에 대한 논평을 통해서 다음과 같이 말했다.

> 결혼과 마찬가지로 빈곤에 대한 부담을 드러내 주는 것이 은유이므로 예술품은 결코 은유, 다시 말하면 회화에 반드시 잘못된 결과를 가져다주는, 새로

> 운 허구적 현실을 전사(轉寫)하는 관념 위에서 만들어져서는 안 된다. (…) 알레고리적 비유가 실제로 나타나자마자, 모든 것이 은유 없이는 이루어질 수 없게 되며, 은유와 더불어 명백한 모순이 발생한다.
>
> [《안내서》, p.39]

얼마 뒤 부르크하르트는, 르네상스의 전반적인 승리는 세계에 대한 은유적 설명의 위험성을 통찰함으로써 규정될 수 있다고 시사했다.

> 모든 알레고리의 불모성은 예술에서도 느낄 수 없는 것이 아니다. 알레고리가 하나의 부수적인 산물로서 대체로 고대에서 연유한 추상적 관념을 표현하게 되고, 오직 알레고리와의 관계에서만 이용될 때 (…) (단테 역시 이러한 표현 형식을 최대로 이용한 인물이지만) 그러한 비유는 (…) 단순한 호기심에 불과하게 된다. 호기심은 당대의 소박한 역사 지식을 가늠하는 척도가 된다.
>
> [《안내서》, p.39~40]

요컨대 그는 세계에 대한 **은유적** 설명을 지향하는 당대의 경향에 대항해, 당대의 역사 지식이 지닌 순진성을 규명했다. 특히 그는 그러한 충동의 한 수단을 조토의 '설화적'인 설명 형식의 발전 속에 나타난 은유의 함정으로부터 벗어나려는 데서 찾았다.

그러나 예술품에 내재한 알레고리의 요소를 상징적 요소와 혼동해서는 안 된다. 부르크하르트가 지적한 바와 같이, 상징주의는 '숭고한 관념'을 표현하는 데 필요하며 그 숭고한 관념은 "어떠한 단순한 역사 구성에서도 구체화될 수는 없지만, 여전히 그러한 관념을 가장 잘 표현하고 있다". 그러므로 숭고한 관념을 부여하려고 하는 예술작품은, "알레고리가 적게 내포되면 될수록 더 인상적이며 보다 생생한 것이 된다".

그는 덧붙이기를, 이 숭고한 관념은 '무덤의 피안에 있는 세계'나, 복음서와 묵시록의 '예언'이나, 단테의 《신곡》에 나오는 것과 동일한 형태의 고찰과 연관된 모든 것과 관계를 맺고 있다고 했다. 그러나 부르크하르트는 숭고한 관념에 대한 이 같은 관심은, 특정한 사건의 예술적 표현에 대한 관심에 의해서 완화되어야 한다고 경고했다. "《신곡》의 상징적 의미는 (…) 시가 아니라 문학과 역사로서만 가치가 있을 뿐이다. 시의 가치는 전적으로 특정한 사건에 대한 부드러운 예술적 표현이나 단테로 하여금 서구 시의 비조가 되게 한 것과도 같은 운율적인 웅대한 스케일에 달려 있다."

그러므로 서구의 예술사는 알레고리 · 역사 · 상징의 표현을 지향하는 경향들이 낳은 삼중의 긴장을 통해서 발전한 것으로 보인다. 결국 르네상스 양식은, 전통 속의 충격, 중세 문화의 '신학적 경향'에 의해서 유지된 알레고리적 · 은유적 충격의 점진적 해체의 산물로 보인다. 이 신학적 경향이 일단 쇠퇴하자, 르네상스의 탁월한 예술은 두 가지 설명 형태, 숭고한 관념(일종의 상징적 활동)과 이야기(일종의 역사적 활동) 간의 창조적 긴장에 의존할 수 있게 되었다.

아이러니로서의 사실주의

역사적 이야기와 '숭고한 관념'의 상징화라는 이중의 과업이 사실로 남아 있음에도 불구하고, 소멸되어 가는 은유는 르네상스 '사실주의'의 본질을 이루고 있었다. 부르크하르트는 (형식을 부여하려는 기도에 대항한다는 의미에서) 인간적인 형식이나 행동에 나타난 인간적인 욕망의 표현으로서의 이러한 사실주의적 요소를 분석함으로써, 15세기 이탈리아 예술에 대한 논평을 시작했다. 이 모든 것은 과거의 모델에 의존한 결과가 아니라 자연 연구가 낳은 결과였다. 그렇지만 현상계에 대한 이러한 관심은 무익한 것이 아니었다. 그것은 '환상적인 것'에 제약을 가하려는 '감각'을 인정한 것으로, 이 '숭고한 관념'에 대한 충분한 의식을 통해서 발전했다.

> (르네상스라는) 하늘이 내린 독창적인 선물은, 모든 디테일 속에서가 아니라, 고귀한 시적 진실이 진실에 손상을 입히지 않는 한에서만 현상계에 적응하려는 감각을 지니고 있었다. 감각이 너무 디테일하면, 그것은 현상적인 삶의 무미건조한 일상사에서가 아니라 건축, 장식, 아름다운 의상을 통해서 소모된다. 그러므로 그 인상은 권태롭지 않고 눈부시다. 화려하고 고귀한 본질을 부여하는 것은 소수다. 많은 사람들은 환상에 빠져 넋을 잃고 있는데, 그 환상은 15세기의 일반적 경향으로서, 여전히 형식의 일반적 장려함이 그들의 환상에 풍류, 나아가서는 쾌락적인 성격까지 부여한다.
>
> [《안내서》, p.59]

이것이 바로 가장 바람직한 형태의 '사실주의', 다시 말하면 부르크하르트가 자신의 역사 연구를 위해서 즐겨 주장한 것으로서 예술품을 르네상스 양식으로 받아들인 사실주의에 대한 그의 정의다. 이 사실주의는 19세기의 사실주의와 가장 뚜렷하게 대비되는데, 그의 견해에 따르면 19세기의 사실주의는 치밀하게 그린 사진과도 같은 복제에 대한 통속적 관심에 불과한 것이었으며, '숭고한 관념'에 기여하는 보편적 법칙에 지배되지 않았다. 이같이 '역사철학'에 대한 그의 항의와는 달리, 그의 사실주의적 역사 개념은 비록 억제된 것이기는 하지만 구체적 지식과는 전혀 다른 승화된 명백한 **보편적 개념**을 요구했으며, 그 보편적 개념이 역사 연구에 바람직한 형식적 결합을 부여했다.

그는 가장 모호한 형태의 이론을 제외하고서는 이 보편적 개념을 형식적 이론으로서 제시하기를 거부했으나, 그럼에도 불구하고 그 개념은 역사적 존재의 사실을 이해하는 데 한계를 설정했으므로 현실감각이 뛰어난 사실주의, 환상에 빠지지 않은 사실주의를 실현할 수 있었다. 르네상스 예술 그 자체와 마찬가지로 부르크하르트의 역사 서술도, 상징적 표현과 이야기 사이의 중용을 통해서 발전했다. 부르크하르트 사학의 주요한 적은 은유였고, 그 은유가 현실을 설명하는 데 취한 것은 알레고리 형식이었다.

부르크하르트는 르네상스에 대해서 다음과 같이 말했다. 르네상스는 16세기에 "섬광처럼, (…) 하늘이 내린 선물처럼 갑자기 나타났다. 때가 온 것이다. (…) 위대한 거장들이 불멸의 예술품을 창조하기 위해서 영원한 진리를 찾고 있다. 그들은 각기 독특한 방법을 가지고 있으므로, 여러 형태의 미가 공존하게 되고 다양한 방법으로 가장 고귀한 가치를 표현한다". 분명히 모든 것은 탁월했지만, "만개한 시기는 너무나 짧았다. (…) 우리는 라파엘로(1483~1520)의 짧은 생애를 통해서 가장 완전한, 그보다 오래 산 위대한 인물들이 있었음에도 불구하고 그가 서거한 직후에 바로 몰락이 시작된 모든 것의 발흥을 목격했다".

이 몰락은 라파엘로와 동시대인인 위대한 레오나르도나 미켈란젤로의 작품에서 이미 예고되었다. 레오나르도는 '풍경화의 도움'에 지나치게 의존했으며, 그것은 자콘다(Giaconda) 부류의 '환상적 정서'를 가져다주고(부르크하르트에게는 정신을 혼란스럽게 하는 것에 불과한 것이었지만), 알레고리로의 전환을 반영한 것이었다. 반대로 미켈란젤로에게 '역사적 요소'는 자주 상징적 요소로 대체되었다. 모든 것은 너무나 상징적이었다. 그 같은 역사적 요소는 상징을 견제할 아무런 평형추도, 삶에 애착을 느끼게 하는 어떠한 구체적인 디테일도 없었기 때문에 결과적으로 그의 작품은 단순히 자연의 숭고하고도 아름다운 면을 강조하게 되었다.

부르크하르트가 시스티나 성당의 프레스코화에 관한 논평을 통해서 명백히 밝힌 바와 같이, 미켈란젤로의 그림에 결여된 것은 '역사'였다. 이것이 바로 미켈란젤로의 그림에 '장려함'을 부여했으나, 라파엘로 예술의 완전성을 절정으로 해서 곧바로 쇠퇴의 길로 접어든 시발점이 되었다. 미켈란젤로의 예술에 나타난 감각의 결여는 그의 〈최후의 심판〉에도 나타나는데, 부르크하르트가 시사한 바에 따르면 〈최후의 심판〉은 능력에서나 욕망에서나 표현상 적절한 주제가 아니었다. "미켈란젤로는 인간적인 형식을 구성하는 운동 · 위치 · 압축법에 대한 모든 능력을 창조하는 프로메테우스적인 즐거움을 통해서 표현한다." 이것이 바로 매너리즘에 빠져 있는 하나의 결함을 드러낸 경향이었다. 결국 미켈란젤로에 대한 부르크하르트의 평가는, 갖가지 천재라는 찬사에도 불구하고 부정적인 것이었다. "그가 죽은 후 모든 다양한 예술에 내포된 원리는 소멸되어 버렸다. 그에게 억제되지 못한 채 나타난 것이 사실은 그의 가장 깊은 인격에서 나온 것임을 사람들이 이해하지 못했으므로, 그들은 절대적인 것에 귀의하려고 했다."

그러므로 레오나르도의 천재성이 환상이라는 측면에서 과오를 범한 데 반해(전적으로는 아니라 하더라도), 미켈란젤로의 천재성은 상징적 표현이라는 면에서 과오를 범한 것처럼 보인다. 그와 대조적으로 라파엘로에게서는 환상이 배제되고 상징적 표현과 역사성을 통해서 완전한 균형이 이루어졌다. "라파엘로에게서 디테일은 너무나 힘차게 나타났으므로 누구나 그것이 본질적 부분이라고 생각한다. 그러나 가장 명백한 관점은 전체의 매력에 있다." 그러나 전체에의 감각은 **조야한** 상징적 표현이 아닌, 형식의 완전성에 있었다. 플로렌스에서 그린 초기의 초상화를 통해서도 라파엘로는 이미 '위대한 역사화가'로서의 면모를 드러냈다고 부르크하르트는 말했다. 그는 라파엘로가 성모상에서조차도 "가능한 한 언제나 상징적 표현법을 거의 사용하지 않았다"고 주장했다. 그의 예술은 바티칸의 프레스코화에 나타난 바와 같이, 적합한 장소에서는 상징적 표현을 완전하게 구사했음에도 불구하고 형식의 영역을 초월한 결합에 의존하지 않았다. 〈에스겔의 환상(Visione di Ezechiele)〉에서까지도 라파엘로는 오랫동안 중세 예술에서 인습화된 주제를 택했으며, 그 주제가 조잡한 상징성을 띠고 있었음에도 불구하고 "그것을 가장 위대한 미적 정신을 통해서 승화시켰다". 바티칸 궁전에 마지막으로 그린 〈서명의 방(Camera della Segnatura)〉의 프레스코화에서 라파엘로는, 전통과 권위가 지시한 것임에도 불구하고, 개인적으로 처리하기 위해서—관찰자의 눈에 권위와 전통이 섞이지 않도록 하기 위해서—전통과는 동떨어진 알레고리적 · 역사적 주제를 택하고, 특히 그의 균형 잡힌 천재성에 적합한 방법으로 역사의 장면을 표현했다.

예를 들면, 〈디스푸타(Disputa)〉에 등장하는 인물들은 "순전히 회화의 모티프에 의해서만 다루어지고 있다. 그들은 다소 동떨어져 있는 느낌을 주지만, 전적으로 이상화된 추억거리를 제외하고는 이미 삶을 마감한 과거에 속한 인물들이다". 〈아테네 학당〉에는 "신비스런 면이 없이 영혼의 힘과 정신과의 건전한 조화가 의식적으로 지향하는 상징의 배경과 회화적이며 극적인 모티프와 완전히 조화되는 인물들의 배열이 있다". 〈서명의 방〉은 "전적으로 형식과 관념이 조화된 최초의 위대한 예술품"이라고 부르크하르트는 결론지었다. 그리고 당시의 라파엘로에 대한 그의 설명 전반을 통해서 부르크하르트는 예술의 완전성에 대한 그의 명확한 관념을 다음과 같이 피력했다.

라파엘로는 전체적인 결과에 손상을 가하지 않고서

도, 형식이 전적으로 아름답고 고귀하며 지적으로도 발랄한 것이라고 생각한 최초의 인물이다. 앞으로 나타날 어떠한 디테일도 그를 능가할 수는 없을 것이다. 예술가는 그의 위대한 상징적 주제가 지닌 기묘한 생명력을 이해하고 있을 뿐 아니라, 특수한 관심이 얼마나 용이하게 전체를 지배하고 있는가를 알고 있다. 그럼에도 불구하고, 그가 그린 독특한 인물들은 그 후의 모든 회화에서 가장 가치 있는 연구 소재가 되었다.

[《안내서》, p.152~153]

부르크하르트는 이어서 〈스탄차 델리오도로(Stanza d'Eliodoro)〉, 〈스탄차 델 인첸디오(Stanza del Incendio)〉, 〈살라 디 콘스탄티노(Sala di Costantino)〉의 거대한 연작을 통해서나, 바티칸의 〈로지아(Loggie)〉나 태피스트리 천에 그린 풍자화를 통해서, 역사가와 극작가로서의 라파엘로의 힘은 강화되고 심화되었다고 말했다. 더구나 부르크하르트가 밝힌 바에 따르면, 〈콘스탄티누스의 전투〉의 묘사를 통해서 "하나의 관념적인 역사적 모멘트"가 완전한 선명성과 관념성을 얻게 되었다. 주제와 인물 설정에 대해서 특별한 통제를 가한 교황의 지시에 따라 작업에 임했으면서도, 라파엘로는 이러한 모든 안팎의 욕구를 자신의 천재성과 성공적으로 연관시켰다. 역사와 예술의 진실한 관점에 서서 그는 미적 노작들을 창조해 내고 그러한 시각에 대해서 끊임없는 관심을 지니고 있었다. "미의 형식이라는 영역에서 볼 때, 고대 문화는 하나의 폐허로서만 우리에게 전해지고 고대의 정신은 결코 우리의 정신이 아니기 때문에, 근대인의 정신을 그보다 잘 간직한 거장과 수호자는 없다"고 부르크하르트는 결론지었다. 본질적으로 라파엘로를 '미학'의 천재보다는 '도덕적' 천재로 만든 것은, 역사적 감각과 심미적 감각을 동시에 진지하게 유지한 라파엘로의 힘이었다고 부르크하르트는 주장했다. 그리고 부르크하르트는 이 이상적인 예술가에 대한 평가를 다음과 같은 애수 띤 논평으로 끝맺었다.

> 그가 좀 더 오래 살았더라도 이 도덕적인 성격은 만년에까지도 그에게 지속되었을 것이다. 만년의 왕성한 창작력을 감안한다면, 그의 요절 때문에 영원히 잃어버린 것이 무엇인가를 우리는 분명히 알게 될 것이다.
>
> [《안내서》, p.164]

이와 같이 라파엘로를 칭찬하고 난 뒤에 전개된 이탈리아 예술에 대한 부르크하르트의 이야기는 한결같이 쇠퇴의 이야기다. 티치아노(V. Tiziano)와 틴토레토(Tintoretto)는 각기 독특한 방법으로 탁월성을 드러냈으나, 범용과 세속에의 타락이라는 경향을 보여 주고 말았다. 부르크하르트는 여러 면에서 능력을 지닌 수많은 장인들의 예를 찾아냈지만, 어느 누구도 쇠퇴에의 흐름을 저지하지 못했으며, 이 흐름은 그가 '근대파(modern school)'라고 부른 것에 의해서 비로소 저지되었다.

그의 견해에 따르면, 근대파의 두드러진 속성은 세속적 사실주의를 지향하는 경향에 있었다.

> 이상적인 형태라는 점에서 볼 때, 근대의 회화는 가장 고귀한 목적을 상실했다고 말할 수 있다. 왜냐하면 근대의 회화는 최근의 문화적 산물이지만 너무나 직접적인 표현과 환상을 시도하고 있기 때문에, 독특한 재능으로는 이루어질 수가 없다. 그것은 존재하거나 일어난 모든 것을 사실적으로 묘사하는 데 목적을 두고 있다. 관찰자의 내면적 의식을 전혀 고려하지 않고 그것과는 전혀 다른 감정을 표현하는 데 익숙한 근대 회화는, 이것을 가장 효과적인 제

1의 조건으로 간주한다.

[《안내서》, p.235]

부르크하르트는 근대파의 독특한 결함을 동정도 관용도 베풀지 않고 분석했다. 서술적 회화에서는 모든 것이 '인상적'이며, 대체로 구에르치노(Guercino)의 〈성 토마스〉에서처럼 거의 '속된 성격'을 한결같이 띠고 있다. 역사화(歷史畵)에서는 모든 것이 피비린내 나는 순교에 대한 관심에 경도되고, 사실주의적이 되면 될수록 그만큼 더 좋은 것으로 여겨지게 되었다고 부르크하르트는 말했다. 또 부르크하르트는 카라바조(Caravaggio)의 〈메두사(Medusa)〉에 대해서, 심원한 감정보다도 오히려 공포의 요소가 더 큰 혐오감을 불러일으켰다고 말했다. 성스런 주제는 당대의 사회에 알맞은 스타일과 형식을 통해서 표현되었다. 감정을 표현하는 데에는 형식보다는 표현만이 이용되었다. 황홀경과 영화의 표현에 연약한 여성들이 압도적으로 많이 등장하게 되고 가장 신성한 주제와 가장 불경스런 주제가 결합되었으며, 대체로 초관능적인 자연주의에 빠져들었다. 부르크하르트에게 카라바조가 그린 풍속화는 혐오스럽도록 우스꽝스럽고 무섭도록 극적인 경향을 띤 것이었다. 근대 양식에서 불멸의 위치를 자처하고 있는 이탈리아의 풍경화는 거의 비이탈리아 예술인들이 그린 작품이지만, 풍경화 속에서만은 천재성이 풍부하고도 직접적으로 드러났다. 푸생과 그의 후계자들을 통해서 "순수한 자연이 보이게 되었는데, 그 같은 자연 속에서 인간적인 노력의 흔적은 다만 고대의 폐허에 서 있는 건축물이나 오두막처럼 나타난다"고 부르크하르트는 말했다. "우리가 상상하거나 만나는 인간은 고대의 우화적 세계나 성서에 기록된 역사나 전원생활 속의 존재로 표현되었다. 따라서 전체의 인상은 영웅적인 전원시다." 마지막으로 로랭은 인간을 위로하는 데 적합한 소리로 노래하는 자연을 묘사했다. 그러고 나서 부르크하르트는 "작품에 몰두한 그에 대해서는 (…) 더 이상 말이 필요하지 않다"고 이탈리아 예술의 감상 안내서를 끝맺었다.

역사와 시

부르크하르트는 《폭력과 자유》에서 "역사와 시의 대립 관계는 마지막으로 쇼펜하우어에 의해서 진정되었다"고 썼다. "시는 인간성에 관한 지식을 풍부하게 획득하고 있지만 (…) (그러나) 역사는 대체로 인간성에 대한 통찰을 시에 의존하고 있다." 더구나 "(시가) 만들어지는 목적은 역사보다도 훨씬 고귀하다". 그러나 이것은 분명히 특수성에서 사건을 보는 역사적 시각이, 사건의 내면적인 진의와 본질적 형식을 표현하는 데 어느 정도 적합한 체계를 형성하기 위해서 서로 연관되어 있는 원리를 시가 제시해 주고 있음을 의미한다. 그런데 부르크하르트는 모든 문명에 관한 가장 유익한 기록들, 문명의 진정한 내면의 본질을 가장 잘 드러내 주는 기록이 바로 시적 기록들이라는 사실을 조금도 의심하지 않았다. "시를 통해서 역사는 가장 중요할 뿐 아니라 가장 순수하고도 훌륭한 자료를 발견한다."

그렇지만 순수한 시적 표현에 대한 위협은 약삭빠른 '사실주의'에 대한 위협과도 동일하다. 부르크하르트의 평가에 따르면, 시는 근원적으로는 종교의 음성으로서 나타났음에도 불구하고 시인 자신의 '인격'을 표현하는 수단이 되었다는 것이다. 부르크하르트에게 시와 종교의 분기점은 고귀한 것을 지향하는 인간 의지의 열망, 아이스킬로스와 소포클레스의 고대 아테네의 드라마가 도달한 고귀한 관점, 이상적인 인물로 하여금 모든 인간의 목소리로 말하게 하는 목적을 표현하는 데 있었다. 중세의 시가 예배 의식의 일부분이 되고 한정된 이야기에 국한되어 있었던 데 반해, 근대의 시는 알레고리적 · 풍자적 도덕성을 지향하는 충동에 이끌렸다.

부르크하르트의 사학은 결코 체계를 요구하지 않는다. 부르크하르트가 솔직하게 인정한 바와 같이, 그의 역사 서술은 "우리 자신의 단순한 투영체에 불과"한 것이었다. 그러나 역사적 설화가 잘 쓴 시와 근본적으로 동일하다는 의식에 부르크하르트가 젖어 있었던 것만은 분명하다고 할 것이다. 라파엘로의 시각적인 시는 말할 것도 없지만, 시와 마찬가지로 역사도 지나친 알레고리화와 상징주의의 위협으로부터 벗어나지 않으면 안 된다. 이것을 약화시키는 방법은 역사의 장에 존재하는 대상이나 이러한 대상들 속에 포함되어 있다고 여겨지는 관계에 대한 은유적 설명의 모든 형식을 공격하는 데 있다. 그런데 이러한 은유적 태도야말로 모든 아이러니스트들이 지니고 있는 태도의 본질임과 동시에 부르크하르트의 아이러니가 지닌 진수이기도 하다. 여기에서 우리는 부르크하르트의 표현법에 나타난 두드러진 '순수성'을 보게 된다. 그의 문체는 대체로 단순한 서술문으로 구성되어 있으며, 가장 빈번하게 쓰는 동사 형태는 사건과 과정을 설명하는 그의 적극적인 음성을 거의 들을 수 없는, 단순한 계사(繫辭)일 뿐이다.15)

---

15) (옮긴이 주) 부르크하르트의 음성을 거의 들을 수 없는 대표적인 저작이, 《이탈리아 르네상스의 문화》다. 이 저작의 내용은 표제와는 직접 관련이 없는 내용으로 구성되어 있다. 잡다한 내용을 명장의 솜씨로

그의 문장은 단순한 **존재**의 개념에 대한 명장(名匠)으로서의 다양한 변모를 반영하고 있다. 《이탈리아 르네상스의 문화》에 나타난 〈세계와 인간의 발견〉이라는 장에서 임의로 뽑은 한 인용문은 내가 마음속에 품고 있는 바를 다음과 같이 설명하고 있다.

> 15세기 말과 16세기 초에 걸친 이탈리아 시의 위대한 제2기는, 동시대의 라틴어 시와 마찬가지로 인간 정신에 미친 자연의 거대한 영향을 풍부하게 입증해 주고 있다. 먼저 당대의 서정시를 일별해 보는 것만으로도 충분히 이러한 확신을 갖게 될 것이다. 사실 이와 같은 활동적인 시대에는 소설이나 서정시 및 서사시가 다른 것을 다루고 있기 때문에 정교한 자연 묘사는 거의 하지 않고 있다. 보이아르도(M. Boiardo)와 아리오스토(L. Ariosto)는 정력적으로 자연을 묘사했으나 가능한 한 간결하게 했으며, 오직 설화나 인물에만 관심을 가진 독자들의 감정에 호소하려는 노력은 조금도 기울이지 않았다. 사실

엮어 놓기 위해 내용을 연결하고 설명하는 계사를 자주 사용하는 이유가 여기에 있다.

서한문을 남긴 사람들이나 철학적 대화를 적은 사람들이 시인들보다도 더 자연을 사랑했다는 많은 증거가 있다.

[《이탈리아 르네상스의 문화》, p.183]

그 장을 형성하는 무대와 인물들의 간결한 묘사는 인상파 화가들의 능숙한 화법을 연상시키는 것이며, 그 속에 담긴 인상은 전제가 아니라 결국에는 주제가 되는 개별적 지각의 보고서에 불과하다. 부분들로 구성된 장이나 부분 그 자체의 구조와 마찬가지로 전체 문장의 구조도 병렬적이다. 거기에는 논증하기 위해서 사건을 전략적으로 체계화하고 모든 충동을 억제하려는 의식적인 기도가 있는 것처럼 보인다. 〈인간의 발견〉이라는 주제를 내건 장도 명백한 주제가 설정되어 있을 뿐 아니라 부르크하르트에 의해서 그러한 명칭이 붙은 것이지만, 현명하게도 그는 "우리가 전제로서 인용할 수 있는 사실이 많지 않다는 것"을 인정했다. 이러한 관점에서 그는 다음과 같이 말했다.

저술가는 자신이 추리의 위험한 땅을 걷고 있을 뿐 아니라 (…) 미묘하고 점진적이기는 하지만 그에게는 14~15세기의 명백한 지적 운동의 변화로 보이는 것도 다른 사람에게는 명백하게 동일한 변화로 보이지 않는다는 사실을 알고 있다. 민중의 정신이 점진적으로 각성되어 가는 현상은, 보는 사람에 따라서 상이한 인상을 남길 수도 있다. 시간은 어느 쪽의 인상이 가장 믿을 만한 것인가를 심판해 줄 것이다.

[《이탈리아 르네상스의 문화》, p.185]

그리하여 시에 표현된 새로운 정신의 예를 많이 열거하고 난 뒤, 부르크하르트는 전체의 인상을 다음과 같이 요약했다. "이와 같이 이탈리아인이 지니고 있던 감정의 세계는, 일련의 그림을 통해서 우리에게 명백하고도 간결하게, 또 그 간결함을 통해서 가장 효과적으로 표현되고 있다." 부르크하르트가 타인의 인상에 대해서 자신의 인상을 강조하고, 많은 결함을 지닌 타인의 인상보다는 자신의 인상이 더 고귀한 것이라는 의식을 지니고 있었음은 명백하다. 그러나 이러한 사실은 그 어느 것도 명백히 주장되고 있는 것처럼 논증되지는 않았다. 우리의 관심사가 되는 것으로서, 역사의 장에서 일어난 사건들을 설명하는 요소는, 부르크하르트 자신의 시적 감수성, 그 자신이 평가한 바에 따르면 분명히 표현과 설명의 수단으로서의 은유로부터 벗어난 감수성의 작용에 있었다. 그것은 시와 역사에 대한 낭만주의 개념의 안티테제였으며, 가장 순수한 표현을 빌린다면 환유뿐 아니라 제유를 통해서 판단하려는 유혹에 대한 저항이기도 했다.

르네상스 예술의 흥기와 쇠퇴에 관한 부르크하르트의 이론은, 예술 작업으로서의 역사 서술에 대한 그의 개념을 통찰할 수 있는 주요한 단서를 제시해 주고 있다. 그에게 역사의 예술에 가해진 두 가지 위협은 르네상스 예술에 가해진 것과 동일한 것이었다. 즉 알레고리와 상징화—한편으로는 역사적 사실에서 도덕의 의미를 끌어내고, 다른 한편으로는 구체적인 현실을 영원한 정신의 요소로까지 승화시키려는 알레고리와 상징화—가 그것이다. 성 아우구스티누스의 《신국론(De civitate Dei)》은 첫 번째 위협을 드러낸 것인데, 그것은 역사적 사건을 보편을 지향하는 도덕적 요소의 표현으로 환원한 것이었다. 비록 특수한 이데올로기에 기여하기 위해서 쓰인 역사가 '알레고리적' 역사와 동일한 것이 되고 말았다고는 하지만, 아우구스티누스의 이 책은 종교의 '강제력'에 역사의식을 종속시킨 경우를 대변한 것이었다. 한편 헤겔은 지나친 상징화, 본질적으로 은유적인, 어떤 형식 체계를 형성하기 위해서 구체적인 역사적 사건들을 해체해 버린 위험성을 대변하고 있는데, 그러한 형식 체계에 의거해 **모든** 사건의 특수성을 무시하고, 사건들을 수많은 강 · 속 · 종으로 분류해 버렸다. 라파엘로의 예술처럼 진정한 역사란 역사가의 의식에 내재하는 알레고리적 · 상징적 충동을 '사실적으로' 표현할 필요성에 맞추는 것이었다. 바꾸어 말하면, 이 '사실주의'는 두 가지 구성 요소, 즉 역사의 장을 그 어느 것도 동일하지 않은 동떨어진 사건의 연속으로 이해하거나 또는 하나의 관계 구조로 이해하는 구성 요소를 지닌 것으로 받아들였다는 것이다. 이러한 구조에 대한 의식은, 라파엘로가 〈아테네 학당〉이나 〈콘스탄티누스의 전투〉나 〈볼세나의 기적〉을 통해서 인물들을 배치한 무대와도 같은 것으로 보인다. 야만적인 힘이 지배하고 문화가 정치에 예속된 시대에도 위대한 역사가의 서술에서 형식적 결합력을 발견할 수가 있다. 그것은 라파엘로의 〈보르고의 화재〉를 볼 때 느끼는 형식적 결합력을 연상시키는데, 그 그림은 뚜렷한 운동이나 흥분 상태를 표현하고 있으면서도 전체적으로나 부분적으로나 실제로 형식적 결합력을 드러낸 걸작이다. 그렇지만 역사 과정의 여러 시대는 라파엘로가 그린 여러 그림들처럼 구분될 수 있다. 그 그림들은 각기 내용에서나 구도를 해석하는 형식에서나 서로 다른 특징을 지니고 있다. 그 기준은 엄밀하게 말하면 미학적이다. 역사적 회화의 요소들은 특정한 '역사적' 회화의 구성 요소로 바뀔 수 있다. 물론 역사가가 라파엘로의 〈콘스탄티누스의 전투〉에 나오는 것 이상의 그 어떤 인물들을 창안해 낼 수 없는 것과 마찬가지로, 그 그림의 내용을 고찰하는 데 적용되는 결정적인 법칙도 없다. 역사가가 '창안하는' 것은 그림의 구성 요소에 내포된 형식적인 관계다. 이 구성 요소들은 대우주에 대한 소우주로서보다는 사건을 맥락으로서 연관시키는 것이다. 〈보르고의 화재〉와 라파엘로의 그림에 그려진 구성 요소를 구분하는 것보다, 사건과 사건의 맥락을 정확하게 구분하는 것이 더 어렵다. 말할 필요도 없이, 실제로 일어난 사건의 '원인'은 거의 고찰할 수가 없다.

결론

부르크하르트가 제시한 역사적 설명에 관한 형식론은, 그것이 어떤 것이든 역사적 사건이 전개되어 가는 '구조'의 이론일 따름이다. 그것은 사건과 구조 그 자체 간의 관계에 대한 이론이 아니다. 오히려 관계에 관한 이론은 사건과 사건이 일어나는 거대한 역사 구조를 궁극적으로 구분하는 것이 불가능하다는 이해에 바탕을 두고 있다. 역사적 사건에 관한 설명은 역사적인 시대라는 태피스트리를 구성하는 다양한 실이 식별되고, 역사의 장이라는 '구조물'을 형성하는 사건의 결합이 드러날 때 제시되기 때문에, 이 이론은 구조론적이다. 그러나 사건과 사건의 맥락 간의 관계는 소우주와 대우주 간의 관계로서 인식되는, 전체와 부분 간의 관계인 제유적 관계가 결코 아니다. 부르크하르트가 그의 역사 저작들 속에서 이 말을 자주 쓰고 있었던 것은 사실이지만, 그것은 대체로 국가와 교회, 정치와 종교의 강제력에 대해서 패권을 차지하려는 문화 운동을 설명하기 위해서 마련된 것이다. 정치와 종교에 대한 문화 자체와의 관계 형식에서 보면 정반대의 입장에 서 있는 것이 되겠지만, 모든 예술 활동의 여러 분야에는—또한 예술 활동을 위해서 생활한 개인의 삶까지도 포함해—일종의 내적인 일관성과 결합력이 있다. 이 관계는 하나의 좌절되고 분열된 상태, 이해의 대립, 그리고 인간성에 깊이 뿌리박고 있을 뿐 아니라 궁극적으로는 그 작용이 신비스럽기까지 한, 간과할 수 없는 권력투쟁으로서 **환유적으로** 인식된다. 오늘날의 표현을 빌린다면, 사람들은 이 갈등의 산물을 '현상학적으로'만 다루고 있다. 사람들은 이러한 산물의 '역사'를 '이야기' 형식으로 서술할 수도 있겠으나, 이 이야기를 구원과 화해나 그 같은 계시에 의해서 치유되는, 법칙의 현현으로 인도하는 발전의 모습으로 서술하지는 않을 것이다.

부르크하르트가 과거에 대해서 쓴 이야기는 언제나 숭고한 성취로부터 비천한 상태로 떨어지는 '몰락'의 이야기였다. 이 몰락이 있은 후에 역사가에게 고찰하도록 떠맡겨진 모든 것은, '깨어진 조각들'과 '폐허', 그리고 '과거의 일에 대한 추억'을 담은 비탄과 비애의 대상으로 인식되는 역사의 가공물이다. 과거의 일에 대한 이러한 추억이 역사가의 유일한 책무다. 역사가에게는 현재에서 영웅적인 행동을 고취할 수 있는 전설들을 그러한 조각들에 부과할 권리가 주어져 있지 않다. 또한 역사가에게는 협동적인 사회 활동을 할 수 있는 능력에 대한 신념을 고취하는 것 같은 방법으로 전설들을 '극화'하도록 허용되어 있지도 않다. 그러나 역사가는 특히 현세대에게 쇠퇴해 가는 힘을 회복하고, 본연의 인간성을 회복하기 위해서 투쟁하는 능력에 대한 믿음을 부여할 수 있는, 역사적 · 우주적 과정의 보편적 법칙을 발견하는 데 특히 즐거움을 느낀다.

부르크하르트는 역사를 통해서 비극의 본질을 밝히려 했다고 고백한 바 있었지만, 그의 비극에 대한 관념은 쇼펜하우어의 그것과 동일한 것이었다. 그가 끌어낼 수 있었던 유일한 처세훈은 "태어나지 않는 것이 훨씬 좋았을 것이다"라는 절망적인 결론이었다. 그렇지 않았다 하더라도, 적어도 그는 과거의 인간이나 과거에 살았던 소수의 인간에게서만 삶의 기쁨을 누릴 수 있는 가능성을 찾았다. 그는 미래에 문화가 소생하리라는 가능성을 기대했으나, 인간이 현재에서 취할 수 있는 어떠한 적극적인 행동이 그러한 소생에 기여할 수 있으리라는 희망을 전혀 갖지 않았다. 그는 가까운 장래에 현재의 정치 현실을 대변하는 사람들 사이에 일련의 전쟁, 그가 긍정적인 결과를 전혀 기대하지 않은 전쟁이 일어나리라는 절망감에 빠져 있었다. 상이한 방법에 의해서 도달한 결론이었지만, 미래에 대한 그의 시각은 정확하게도 슈펭글러(O. Spengler)의 그것과 같은 것이었다. 그처럼 민감한 사람이 취할 수 있는 유일한 행동은 은둔 생활을 하거나 정원을 가꾸거나 과거의 일을 회상하거나 현재의 광기가 제풀에 사그라질 때까지 기다리거나 하는 것이었다. 어쩌면 그때 대학살과는 멀리 떨어진 곳에서 문화가 소생**할 수 있을지도** 모른다. 그 사이에 그에게 일어날 수 있는 일들은 도시에서 농촌으로의 은둔, 기다림, 선택된 소수의 동료들과의 세련된 담화, 그리고 '실천적인' 인간의 행동에 대한 경멸이었다.

부르크하르트의 염세주의에는 인간성에 내재한 궁극적인 창조적 잠재력에 대한 신념의 싹이 감추어져 있었다. 그는 삶을 너무나 사랑했기 때문에 계몽주의로부터 그에게까지 계승되어 온 문화의 이상을 완전히 부정할 수가 없었다. 크로체가 고찰한 바와 같이, 부르크하르트의 실패는 지적인 것이 아니라 도덕적인 것이었다. 크로체는 말하기를, "모든 염세주의자와 마찬가지로 그는 자신 속에 만족할 줄 모르는 일종의 쾌락주의적인 기질을 지니고 있었다"고 했다. 그리고 그로 하여금 속세와 직면하기보다는 속세로부터 달아나게 만들고, 그가 가장 높이 평가한 것을 구출하기 위해서 속세에서 일하도록 만든 것도 바로 이것이었다. 어쩌면 이것이 그의 저서와 삶이 '예술품'을 지키기 위한 '예술품'으로 간주된 이유일지도 모른다. 그러나 그의 심미주의에도 불구하고, 부르크하르트는 단순한 예술 애호가가 아니었다. 당대의 긴장과 압력에 대한 그의 민감한 감수성이 그를 문화의 쇠퇴라는 현상에 대한 탁월한 분석가로 만들었다. 세계사적인 상황에 직면해 속세로부터 도피한 것을 정당화하려는 욕망을 지니고 있었다는 면에서 그는 심미주의자가 아니었다. 그는 자신의 세계가 지향하고 있었던 방향을 파악했다고 생각했지만, 적극적인 방법으로 그러한 경향에 대항할 만한 의지가 그에게는 결여되어 있었다. 이와 같은 의지의 결여라는 점에서 그는 특히 그의 친구이며 동료인 니체와도 달랐다.

해설

헤이든 화이트가 이 책에서 밝힌 주된 관심은, 역사적 상상력의 심층 구조와 과거의 구조나 과정을 이해하기 위한 설명으로서의 서술적 담론에 대한 분석이었다. 이 주제들은 역사적 사고의 본질이나 역사적 방법과 같은 문제들에 대한 최근의 회의, '역사주의의 위기'로도 불리는 회의의 근원을 밝히고자 한 의도도 내포하고 있다.

화이트의 견해에 따르면, 역사적 사고나 방법에 대한 회의와 부정의 근원은 아이러니한 정신 구조에 있다는 것이다. 이 정신 구조는 역사 기록이 나타나기 전부터 있었는지도 모르는 수많은 정신 상태의 하나에 지나지 않기 때문에, 여기에 아이러니를 극복할 수 있는 한 가닥 실마리가 있다고 그는 주장했다.

화이트는 사실주의 사학의 예술적 요소에 대해서 주로 문학 이론가인 프라이(N. Frye)와 버크(K. Burke)의 이론에 의존했으나, 프랑스의 구조주의 내지는 후기구조주의 계열에 속하는 비평가들, 즉 푸코(M. Foucault), 골드망(L. Goldmann), 바르트(R. Barthes), 데리다(J. Derrida)

와 같은 비평가들의 이론에도 의존한 바가 컸다. 특히 화이트는 프라이가 분류한 서사 양식을 원용해 로맨스 · 비극 · 희극 · 풍자 등을 역사 서술의 근본 양식으로 받아들였다.

로맨스는 근본적으로 자기 확신의 드라마이며, 경험의 세계를 초월하려는 영웅적인 행동이나 경험의 세계에 대한 영웅의 승리와 그 세계로부터 벗어나려는 영웅의 궁극적인 해방, 성배(聖杯)의 전설과 그리스도의 신화에 나오는 그리스도의 부활의 이야기와 연관된 드라마다. 그것은 악에 대한 선의, 악습에 대한 미덕의, 암흑에 대한 광명의 승리를 나타낸 드라마이며, 타락한 세계로부터 벗어나려는 인간의 마지막 초월성을 드러낸 드라마이기도 하다.

희극과 비극은 분열 상태로부터 벗어나는 해방의 가능성을 시사하고 있다는 점에서 공통점을 지니고 있다. 그러나 희극에는 화해의 기대감이 있으며, 비극에는 주인공의 몰락이라는 결말이 있다. "독이 묻은 속옷을 입고 불타는 장작더미 위로 올라가는 헤라클레스, 바쿠스 신을 경배하는 여신도들에게 갈가리 찢기는 오르페우스…. 신적인 존재이면서도 삼위일체의 세계에서 소외되어 십자가에 못 박혀 죽어 가는 그리스도의 이야기"가 그것이다. 하지만 비극에는 투쟁의 방관자라는 의식 속에 일종의 보상이 주어져 있으므로, 결말에 나타나는 주인공의 몰락이 살아남은 자에게는 더 이상 위협이 되지 못한다. 희극의 결말에 나타나는 화해는 인간 상호 간의 화해이며, 세계와 사회에 대한 인간의 화해다. 이에 비해 비극의 결말에 나타나는 화해는 훨씬 더 음울하다. 이때의 화해는 세계에서 시련을 겪으며 살아가야 한다는 조건에 대한 인간의 체념을 더 강하게 반영하고 있다.

풍자는 로맨스 · 희극 · 비극 속에 그려진 인간 존재의 희망 · 가능성 · 진실의 한계를 여러 형태로 표현한다. 예술 형식이나 문학의 전통이 전개되는 국면에서 볼 때, 풍자적 표현 형식의 출현은, 세계가 오랫동안 발전해 왔다는 신념을 드러내는 신호다. 철학과 마찬가지로 풍자도 그 자체가 현실의 이미지로서는 불완전하다는 의식을 통해 '회색의 현실'을 묘사한다. 그리하여 풍자는 세계에 관한 기묘한 모든 이론 체계를 부정하고, 세계와 그 진행 과정에 대한 신화적 해석으로의 복귀를 기대한다. 요컨대 풍자는 분열의 드라마이며, 인간이 세계의 주인공이 아니라 그 노예이며, 음울한 죽음의 폭력에 지배되고 있는 존재에 지나지 않는 것으로 보는 드라마다.

또한 화이트는 구조주의자인 야콥슨(R. Jakobson)과 레비스트로스(Levi-Strauss)의 이론에 근거해 역사 서술의 표현 형태를 은유(metaphor), 환유(metonymy), 제유(synecdoche), 아이러니(irony) 등의 네 가지 비유법으로 구분했다. 특히 레비스트로스는 은유 · 환유의 두 개념을 원시 문화의 세계를 분석하는 토대와 신화를 이해하는 관건으로 이용하고 있다. 문체에 관한 야콥슨의 언어 이론에서는 제유와 아이러니가 환유 형식으로 취급되고 있다. 바꾸어 말하면 환유 형식이 사실적인 산문의 근본 비유법으로 간주되고 있는 것이다. '내 사랑 장미'와 같은 표현에서처럼 은유를 통해서 우리는 현상이 어떻게 같고 다른가를 규정할 수 있다. 환유에서는 '50개의 돛'이 '50척의 배'를 가리키는 것처럼 사물의 한 부분의 명칭이 사물 전체의 명칭 대신 사용되곤 한다. 제유의 경우에는 '그는 아주 자애롭다(He is all heart)'라는 표현처럼, 전체 속에 들어 있는 어떤 특성을 표시하는 작용을 통해서 현상을 규정한다. 아이러니를 통해서 문자상으로 확인된 대상이 비유의 수준에서는 부정된다. '눈먼 입(blind mouths)'처럼 불합리한 표현(비유의 남용)이나 '차가운 열정'과 같은 표현처럼 분명히 역설적인 비유법은 이런 비유법의 전형처럼 보인다. 아이러니 · 환유 · 제유는 모두 은유의 형태지만, 환원(reduction)과 통합(integration)이라는 형태에서 다르다. 그러한 비유법은 문자상의 의미에 영향을 미치고, 마침내는 설명 형식에 의해서 비유의 수준에 이르게 된다. 그런 맥락에서 보면 은유는 그 본질이 재현적이고, 환유는 환원적이며, 제유는 통합적이고, 아이러니는 부정적이다.

미슐레(J. Michelet)는 로맨스 형식으로 역사를 구성하고 은유로 설명했으며 무정부주의 시각에서 역사를 고찰했다. 이러한 미슐레의 특징은 그의 저서《프랑스 혁명사》에도 잘 나타나 있다. 혁명의 첫해에 나타난 프랑스 정신에 대한 그의 설명은, 오랫동안 프랑스 정신과 대립 관계에 있던 '인위적인' 세력이 타파되고, 마침내 프랑스 정신이 순수한 상징화의 표상으로 떠오른 은유적 동일화의 과정과 합치되는 것이었다.

미슐레는 그가 쓴 역사를 고발, 자유, 그리고 암흑의 세력권으로부터 벗어나려고 투쟁하는 정신력 등이 낳은 구제의 드라마로 구성했다. 그러므로 역사가로서의 임무에 대한 그의 개념도 구제의 기록자로서의 역할을 담당하는 데 있었다.

미슐레의 역사의식에 나타난 또 다른 중요한 개념은 부활과 생성의 이미지다. 부활로서의 이 역사 개념이 미슐레의 역사와 형식을 결정하고 설명과 표현으로서의 의미를 갖게 만든다. 그러나 미슐레는 혁명 기간에 혁명을 저해하는 모든 요소를 분쇄함으로써 민중이 완전한 자유와 통일을 달성한 바로 그 시기에 거시적인 역사적 관점에 입각해 해결책을 제시하려고 했다. 여기에 영웅적 국면에 나타난 혁명의 이상에 비해서 그의 논조가 우울하고 애처로운 색채를 띠게 된 근원이 있다.

프랑스 혁명을 통해서 오직 1789년 한 해에만 보았다고 생각한 순수한 통합의 순간을 제외하고는, 그의 역사 개념의 논리에 의해서는 어디에서도 미덕을 찾을 수 없다. 그는 이상에 봉사한 전사(戰士)와 동일시한 개인들을 찬양하고, 미래에서 이상을 추구하는 전사들의 이야기를 서술하는 데에 그의 생을 바쳤다. 그러나 이상 그 자체는 시간과 역사를 통해서는 결코 실현될 수 없는 것이었다.

랑케(L. von Ranke)는 희극으로 역사를 구성하고 제유로 설명했으며 보수주의의 입장을 고수했다. 인간의 이해력 · 통일성 · 다양성을 통해 나타난 사건은, 보편에서 특수로의 방법에 의해서가 아니라 오히려 특수에서 보편으로의 운동에 의해서만 이해될 수 있는 것이었다.

여기에 나타난 은유는 유기체론적인 것으로, 과정 그 자체를 강조한 것이다. 희극적 미토스(mythos)[16]는 랑케

16) 문학작품의 서술적인 면, 특히 형식적인 서술을 가리키는 말이지

의 많은 저서의 플롯 구성으로서, 그리고 이러한 각 저서들이 대우주의 드라마에 대한 개별적인 단막극처럼 보이는 구조로서 기여했다. 이 미토스가 랑케로 하여금 장면의 개별적인 상술에 관심을 갖도록 했으며, 기록의 홍수 속에서도 의미 있는 사실과 무의미한 사실을 가려내는 데 자신감을 견지하도록 했다.

랑케에게 역사 과정은 개별적 객체(신이 개별적으로 창조한 인간 존재)들이 존재하는 영속적인 장이었으며, 그 객체는 독특한 실체(신이 개별적으로 창조한 민족)로 결합되고 단일화되어, 마침내 국민으로서의 운명을 실현하기 위해서 특수한 제도를 창안해 냈다.

태양계의 이미지가 시사하고 있는 '정오의 은유(diurnal metaphor)'를 논리적 결론으로 이끌어 보면, 역사의 정오는 그가 살고 있는 현재에 해당되며, 그 시기에 유럽의 완전한 민족국가라는 자율적인 체제가 혁명의 외상(trauma)을 뛰어넘어 최종적인 형식을 통해서 완성되었다. 그 결과－세력 균형의 개념으로 표현되는－국가 간의 특수한 관계 형식은, 국가 간의 갈등이 지향하는 목표

만 여기서는 로맨스 · 희극 · 비극 · 아이러니로 구분되는 원형적인 이야기의 하나를 가리킨다.

에 의존하게 된다. 부분은 전체에서 분석되고, 전체는 실제로 쓰인 이야기의 과정에 나타난 부분을 통해서 재구성되기 때문에, 부분이 전체에 대해서 갖는 관계의 표출은 점차 사건이 왜 그와 같이 일어났는가를 설명하는 것으로 받아들여지게 된다.

토크빌(A. de Tocqueville)은 비극으로 역사를 구성하고 제유로 설명했으며 보수주의와 급진주의 사이에서 방황했다. 그에게 미래는 사회에서의 인간관계를 조화시키려는 희망의 장으로는 파악되지 않았다. 역사에서 작용하는 요소, 즉 역사를 투쟁의 장으로 만든 요소는, 사회에서든 인간 자신의 정신 속에서든 결코 조화로운 것이 아니었다. 토크빌이 지적한 바에 따르면, 인간은 인간에게 불가결한 사회질서로 구성되는 것과, 영구히, 또 완전히 인간답게 되는 것을 가로막는 악의 본질로 구성된 것의 '두 심연의 가장자리'에 놓여 있는 존재다.

그렇지만 그는 역사란 의미가 있으며, 이 의미는 인간 자신의 신비로운 성격을 통해서 발견된다는 사실을 믿으려고 했다. 역사 과정의 법칙론적 개념이 그로 하여금 당시의 주요한 사회문제에 대해서 급진적 입장을 취하게 했음에도 불구하고, 그를 자유주의적 이데올로기의 대변자가 되게 한 것은 바로 이 미스터리에 입각한 가치였다. 그는 정치 · 사회 · 문화 · 역사의 성격에 관한 장기간의 경향을 파악해야 한다고 주장했는데, 그 경향들은 한 사회형태(귀족주의)의 쇠퇴와 다른 사회형태(민주주의)의 발흥을 가리키는 것이었다.

토크빌은 그의 시대가 사회체제와 문화적 이상 사이에서 양자택일을 강요하는 데 따른 무력감으로부터 고통 받고 있다는 신념에서는 마키아벨리(Machiavelli)와 유사했다. 당시의 문화도 낡은 귀족 시대의 관념론과 새로운 민주주의 시대의 유물론 사이에서 방황하고 있었다고 그는 생각했다. 토크빌이 이 대립적이며 부적절한 역사의식의 형태에 대해서 대안으로 제시한 것은, 제3의 형식이 아니라 귀족주의 형식과 민주주의 형식의 결합이었다.

미국의 민주주의에 대한 토크빌의 개념은 특이한 것이었다. 그에게 미국의 민주주의는 유럽의 문명 구조에 내재한 불화와 분열, 그리고 봉건사회의 붕괴 이후 유럽에 존재한 일방적이며 극단적인 경향의 발전을 드러낸 것이었다. 미국의 생활을 유럽의 사회생활과 구분하는 기준은 혁명적 전통의 결여에 있었다. 미국에서는 민주주의 이념이 피동적으로 설정되었으나, 유럽에서는 그 이념이 귀족정치의 억압에 항거하고 중앙집권적 국가에 대항하면서 설정되었다. 그 이념이 평등의 원리를 혁명적 충동과 결합시키고, 미국의 민주주의 혁명의 전통을 형성시켰다.

토크빌의 역사 개념에 따르면, 인간은 자연에서 탄생해 현세의 욕구에 적합한 사회를 형성한 다음, 사회와의 숙명적 투쟁에 빠져들어 역사적 변화의 드라마를 제시하는 존재다. 그는 인간 역사의 드라마가 비극적이거나 희극적인 것이 아니라 타락의 드라마라는 사실을 어쩔 수 없이 받아들이고 말았다.

부르크하르트(J. Burckhardt)는 풍자로 역사를 구성하고 아이러니로 설명했는데, 미슐레가 생성의 이미지를 강조한 데 반해 그는 쇠퇴와 몰락의 이미지를 강조했다. 그에게 사건들은 광휘와 명암, 자유와 억압 등이 운동의 구조를 형성하기 위해서 결합하는 것이었다. 때로는 상황이 빛나는 창조의 스펙터클을 연출하기 위해 천재성과 결합하기도 하지만 그와 같은 스펙터클 속에서는 정치와 종교까지도 예술의 양상을 띠게 되었다. 그러나 그의 견해에 따르면, 예술 감각에도 진보적 전개란 없으며, 종국적으로도 정치와 종교적 충동이 낳은 억압 외에 아무것도 없었다. 그는 역사적 사고를 신화가 아니라 다만 당대의 상상력을 사로잡고 있던 역사의 신화, 즉 로맨스 · 희극 · 비극의 신화로부터 해방시켰을 뿐이다.

부르크하르트의 역사 시각은 토크빌의 시각이 끝나는 점, 즉 아이러니의 조건에서 출발했다. 로맨스의 감격과 희극의 낙관론과 비극적 이해의 체념이 그에게는 없었다. 그는 대체로 미덕이 배반당하고, 능력이 악용되고, 권력이 비천한 명분에 기여하는 세계를 개관했다. 그는 당대에서 미덕을 거의 찾지 못했으며, 충성을 마칠 만한 대상조차 그에게는 없었다. 그의 유일한 헌신은 '과거의 유럽 문화'에 대한 것이었다. 그러나 그는 과거의 유럽 문화를 일종의 폐허로 보았다. 그에게 과거의 문화는 무너져 가는 로마의 기념비와도 같은 것이었다.

그에게 혁명은 새롭고도 무서운 일이었다. 혁명은 "처음에는 모든 이상과 열망을, 다음에는 모든 열정과 이기심을 분출시켰다"고 그는 말했다. 혁명은 영원히 모든 압제의 모델로서 기여할 압제를 유산으로 물려주고 또 그렇게 실천했다. 그러므로 역사를 이해하기 위해서 우리가 취해야 할 형식은 "심하게 폭풍우가 몰아치는 바다 가운데서 어느 파도에 밀려 우리가 표류하고 있는가를 확인하는 것에 지나지 않는다"고 그는 주장했다. 파도와 전이, 이 두 이미지가 역사 과정에 대한 부르크하르트의 개념을 요약하고 있다.

부르크하르트가 다룬 언어는 아이러니의 언어였으며, 그것은 표현 형식이나 내용이 모두 고귀한 가치를 지닌 것에 관심을 둔 것이었다. 그리고 르네상스를 설명하는 그의 방법은 고고학적 발굴로 끌어모은 파편 더미를 관찰하는 감정가의 그것이었으며, 부분으로부터의 유추에 의해서 지각되는 것이었다. 역사적인 대상의 세계를 그는 문자 그대로 '사투라(satura)', 즉 근본적인 맥락과는 동떨어져 있을 뿐 아니라 그 맥락조차 수많은 다양한 방법으로 결합되고, 또 수많은 다양한 모습과 다양한 의미를 지닌 단편(fragment)들로 이해했다.

위에서 개관한 헤이든 화이트의 분석과 설명이 도식적인 것은 분명하다. 그러나 모험적이며 야심적인 시도에는 흔히 도식적이라는 비판이 따르게 마련이다. 이런 비판에도 불구하고 그의 야심에 찬 이 시도가 역사 텍스트의 해석과 분석에 새로운 지평을 열어 준 것만은 인정하지 않을 수 없다. 역사 서술의 서사 구조에 거의 관심을 두지 않았던 이 땅의 풍토를 생각하면 더욱 시사하는 바가 크다고 하겠다.

역사가들의 저작을 분석하면서 화이트가 특히 강조한 것은, 역사 서술에 나타난 이미지의 패턴과 사료의 설명은 불가분의 관계에 있다는 것이다. 분명한 것은, 의식적이든 무의식적이든 역사 서술에서 역사가들의 시각을 반영한 이미지 · 상징 · 알레고리를 찾아 분석하는 일이다.

지은이에 대해

헤이든 화이트(Hayden White)는 1928년에 태어나 웨인스테이트(Wayne State) 대학교와 미시간(Michigan) 대학교에서 역사와 철학 등을 전공했다. 그 뒤 UCLA, 웨슬리언(Wesleyan) 대학교, 코넬(Cornell) 대학교 등에서 유럽 근대사, 역사철학, 지성사 강좌를 담당했다. 이 책 외에 주요 저서로는 《역사의 선용(The Uses of History)》(1968), 《비코(Vico)》(1969), 《자유주의적 휴머니즘의 시련(The Ordeal of Liberal Humanism)》(1970), 《담론의 비유법(Tropics of Discourse)》(1978) 등이 있다.

옮긴이에 대해

천형균(千亨均)은 전라남도 목포에서 출생해 고려대학교 사학과를 졸업했다. 서울대학교 대학원과 서강대학교 대학원에서 서양사를 전공했으며, 군산대학교 사학과 교수를 지냈다. 저서로는 역사상 주요한 반항인들의 삶을 그린《나는 반항한다, 고로 존재한다》(정보와 사람, 2009)가 있으며, 역서로는 이 책 외에 고드스 블롬의《니힐리즘과 문화》(문학과지성사, 1988) 등이 있다.

원서발췌 메타 역사 : 19세기 유럽의 역사적 상상력

지은이 헤이든 화이트
옮긴이 천형균
펴낸이 박영률

초판 1쇄 펴낸날 2013년 8월 30일
개정1판 1쇄 펴낸날 2025년 2월 15일

커뮤니케이션북스(주)
출판등록 제313-2007-000166호(2007년 8월 17일)
02880 서울시 성북구 성북로 5-11
전화 (02) 7474 001, 팩스 (02) 736 5047
commbooks@commbooks.com
www.commbooks.com

지식을만드는지식은
커뮤니케이션북스(주)의 고전 출판 브랜드입니다.

ISBN 979-11-7307-733-3 03920

책값은 뒤표지에 있습니다.